W0292851

GUILLAUME VILLEMOT

EUGÉNIE ÉBOUÉ
PORTRAITS D'UNE COMBATTANTE

DUMERCHEZ

À la mémoire de Luc Laventure

« Si vous parlez à un homme dans une langue qu'il comprend,
cela lui monte à la tête. Si vous lui parlez dans sa langue,
cela lui monte au cœur ».

Nelson Mandela

PORTRAIT(S) CROISÉ(S)

Comment faire le portait d'une personne dont l'image et la mémoire se sont effacées de nos livres et de nos souvenirs ?

Pour Eugénie Éboué-Tell, il faut commencer par la lecture de ces lignes rédigées et publiés en 1972 après sa disparition, par « Le Comité d'études juridiques des problèmes d'Outre-Mer » « *Étoile de première grandeur au firmament de la Résistance et de la lutte contre le racisme... si l'histoire a retenu pour le service de la Science Pierre et Marie Curie et retiendra pour l'illustration de l'Amour Aragon et Elsa Triolet, la lutte pour la liberté a désormais son couple symbolique Félix et Eugénie Éboué... Une grande dame noire est morte et elle appartient aux figures historiques dont la vie peut inspirer Antillais, Africains ou nègres Américains, dont l'exemple à coup sûr réconforte et galvanise les efforts des plus déshérités d'entre les nègres, dont l'existence même fait reculer le racisme, dont l'action sert l'égalité des races, la liberté et la fraternité de tous les hommes* ».

J'avais 8 ans quand elle est morte et je me suis depuis découvert de nombreux points communs avec elle. Comme elle, j'ai fait mes premiers pas en Guyane, même si je n'y suis pas né et comme elle, c'est là que mon esprit et ma mémoire se sont chargés de couleurs, de sons, d'accents, de chants et d'odeurs si typiques. Comme elle, j'ai connu d'autres territoires ultramarins, en l'occurrence une autre terre de bagne, la Nouvelle-Calédonie. Comme elle, j'ai fait mes études au lycée Victor Duruy à Paris et comme elle, j'y ai parcouru les allées du parc. Comme elle, je suis allé chercher à améliorer l'être humain et à m'améliorer en rejoignant des temples maçonniques. Comme elle, je me passionne pour les langues. Elle déchiffrait les langages tambourinés et sifflés de l'Afrique de l'Ouest, plus modeste, je créais le Festival des Conversations. Comme elle, j'ai la passion de l'Afrique et de ses cultures et je suis certain qu'ensemble nous aurions adoré arpenter les allées du Musée Jacques Chirac à Paris ou celui des Arts d'Afrique et d'Asie à Vichy.

Enfin, j'aurais aimé que nous nous retrouvions assis côte à côte dans la salle du conseil municipal d'Asnières-sur-Seine où nous avons tous les deux siégé. J'aurais aimé avec elle aux affaires sociales et moi au logement que nous construisions une grande politique sociale où la culture aurait été au centre de tout. Ensemble nous aurions pu mener des combats contre les inégalités et j'aurais aimé l'entendre prononcer ses discours dans cette salle du conseil sur l'importance de la concorde, cela aurait été merveilleux d'accueillir à ses côtés de nouveaux naturalisés français.

Qui était cette femme, à la table de qui on pouvait croiser des prix Goncourt, des académiciens, des Présidents de la République française ou sénégalaise, mais aussi des prix Nobel de Littérature, des résistants ou des vedettes du music-hall ?

De toutes ces personnalités l'une des rares à en avoir fait le portrait est Jacques Chaban-Delmas « *Eugénie de son côté ne se contente pas d'élever ses enfants. Elle participe aux travaux de son mari qui publie un mémoire sur Les Peuples de L'Oubangui-Chari : études d'ethnographie, de linguistique et d'économie.* »

Toute sa vie, Eugénie Éboué-Tell a fait de la lutte contre les inégalités une raison de vivre et d'espérer en reprenant à son compte cette phrase prononcée à Pointe à Pitre en 1937 par Félix Éboué, son époux, « *nous devons donner un exemple d'union, de travail, de fraternelle tolérance et de désintéressement complet* ».

Félix sans Eugénie n'aurait sans doute pas réussi tout ce qu'il a entrepris mais Eugénie sans Félix et son amour n'aurait pas eu la force et l'énergie de continuer à se battre après la disparition de Félix.

Leur fille Ginette qui en fera souvent le portrait dira que ses parents avaient plusieurs demeures en eux, c'est-à-dire qu'ils ont toujours su faire preuve d'écoute et de tolérance sans jamais renier leurs origines.

C'est dans les couloirs du ministère des Outre-mer que j'ai découvert le nom d'Eugénie Éboué-Tell et l'envie de faire sa connaissance. C'est là que je fus séduit et conquis. Sa passion pour la Fraternité, la Liberté et l'Égalité m'a convaincu et ce fut une évidence que je me devais de tenter un portrait, voire des portraits, de cette femme d'exception et si actuelle, qu'était Eugénie.

Il est plus juste de parler des écoles qui ont formé Eugénie que d'une seule. Son éducation est d'abord le fait de sa cellule familiale où le visage de son père est très marqué et très présent pour la petite Élisabeth, Charlotte, Andrée, Eugénie Tell qui voit le jour le 28 décembre 1891 dans la plus ancienne colonie française, la Guyane tristement célèbre pour son bagne. Pour Albert Londres « *la Guyane n'est pas un pays, c'est le cul-de-sac du monde* ». Un bagne qui en raison de la situation de son père va prendre une part centrale dans ses premières années.

« Le bagne » est une expression pour qualifier un endroit ou une situation particulièrement insupportable. Le bagne, le vrai, est bien le lieu qui va rythmer les premières années d'Eugénie. Herménégilde Tell, son père, y fera toute sa carrière en y entrant en 1883 comme simple commis et il la finira comme directeur de l'administration pénitentiaire. Il est le premier noir, fils d'esclave, à occuper cette fonction.

Marié en 1887 à Joséphine Halmus, ils auront trois enfants, Guillaume en 1889, Eugénie, puis Charles en 1894. Ce dernier mourra à Paris durant ses études de droit en 1913.

Guillaume Tell deviendra administrateur général du célèbre cabaret parisien Les Folies Bergères où il prendra comme prénom Whily, moins marqué historiquement et plus à connotation américaine. On peut résumer leurs deux vies avec d'un côté Eugénie qui fait se soulever les âmes et les enthousiasmes et Whily qui fait soulever les jambes des danseuses de revues et quand Eugénie s'engagera à défendre une certaine idée de la

France Libre, Whily s'engagera à défendre les intérêts de l'établissement de Monsieur Derval pour faire en sorte que le cabaret continue à jouer pendant les années sombres de l'occupation.

Mais revenons au bagne que dirigea Herménégilde. Les premières années des enfants se passent à Cayenne et c'est Whily dans son livre « Je suis un civilisé » qui les raconte « *une bonne nous conduisait le matin, mon frère, ma sœur et moi. Elle nous ramenait à la maison à 11 heures, où nous déjeunions et nous reconduisait à 2 heures pour nous reprendre à 4... La sévérité dont nous étions entourés par la volonté de mon père, nous refusait cette liberté de manières, il fallait travailler et dans ce but nous étions terriblement serrés* ». La suite de leur éducation se passe à Saint Laurent du Maroni lors de l'ascension professionnelle d'Herménégilde au sein de l'administration pénitentiaire et là, changement d'école avec abandon de la communale, qui à cette époque était encore assez approximative à près de 200 km de Cayenne. « *Notre père se rendit compte de l'inutilité de l'école communale et prit un professeur particulier, un bagnard... c'était un homme très cultivé qui contribua à développer en nous le goût de l'étude et l'amour de la France* » précise Whily. Pour mieux comprendre ce qu'était le monde dans lequel Eugénie fait ses premiers pas il faut relire les articles publiés par Albert Londres en 1924 qui contribuèrent à faire disparaître ce système inhumain et aussi à stopper la carrière d'Herménégilde Tell. « *Ce qu'il y a de terrible au bagne, ce ne sont pas les chefs, ce sont les règlements... Saint Laurent du Maroni est le royaume de l'administration pénitentiaire. C'est une royauté absolue, sans Sénat, sans Chambre, sans même un petit bout de conseil municipal. C'est la capitale du crime. Le roi règne et gouverne, c'est*

Monsieur Herménégilde Tell. Son premier ministre est Monsieur Dupré. Messieurs Masse, Michel, Nairinec, Vitalien, Cordonnié, Toutblanc sont sous-secrétaires d'état. Les pages sont de jeunes et brillants assassins, les sympathiques garçons de famille... Est-ce bien de travaux forcés que l'on devrait dire quand on parle de la peine du bagne? Maigreur forcée ; Surveillés forcés ; Exil forcé ; Maladie forcée oui. *Travaux forcés ? pas autant* ».

Ces lignes d'Albert Londres seront publiées alors qu'Eugénie a quitté la Guyane depuis 1903, année où ses parents décident que pour donner à leurs enfants la meilleure éducation possible il faut se rendre dans l'hexagone, au plus près des pères fondateurs des Lumières qui sont si chers au cœur et à l'esprit d'Herménégilde.

Eugénie a 11 ans lorsqu'elle arrive à Paris. Le voyage par bateau prend de longues semaines et à l'arrivée c'est le choc, la météo, les gens, la végétation rien ne ressemble à ce qu'elle connaît. Je me souviens du traumatisme que cela a été pour moi de venir de Kourou à Paris, de mettre des chaussures fermées qui me faisaient horriblement mal, d'être agressée par les bruits de la ville, d'avoir le regard bloqué par l'absence d'horizon.

Elle et ses frères ne comprennent pas pourquoi il y a des pots de fleurs vides sur les toits des immeubles parisiens. Ils n'ont jamais vu de couvercles de cheminées. Pour eux la France et Paris c'étaient les images du journal *L'Illustration* et de quelques romans de Victor Hugo ou de Balzac.

Si le regard d'Eugénie est affolé par ce qu'elle voit, dans le même temps des parisiens sont surpris par la vue de cette famille de cinq noirs sillonnant les rues de la capitale, habillée comme eux, circulant comme eux. L'imagerie populaire en ce début du XXe siècle est encore celle du noir sauvage, cannibale, tel qu'il est caricaturé dans les journaux comme « L'Assiette au Beurre » ou mis en scène dans des spectacles avec le clown Chocolat. C'est aussi l'époque des succès populaires des expositions coloniales qui, comme en 1907, au Bois de Vincennes présentent des « zoos humains » qui attirent près de deux millions de visiteurs.

La première année de leur séjour se passe en famille tous ensemble, une façon de faire corps, de s'habituer progressivement à ce nouveau monde. Mais Herménégilde décide de séparer la fratrie. Il envoie Guillaume à Montauban, suivra un an plus tard, Eugénie au lycée de jeunes filles de cette même ville. Puis elle reviendra à Paris dans un établissement du 7e arrondissement où elle obtiendra son brevet supérieur et un diplôme de sténographie.

En 1911, elle quitte Paris et revient auprès de ses parents en Guyane. Elle devient institutrice et est nommée à Saint Laurent du Maroni. Durant ses études, elle s'est passionnée pour la musique et pratique le piano avec passion et talent. Elle a reçu de ses parents une éducation qui place l'humain au centre de tout, on lui a appris la tolérance et le respect des opinions de chacun. Herménégilde n'a de cesse de répéter « *je n'empêcherai jamais mes enfants de faire ce qu'ils veulent lorsque ce sera honnête* », c'est dans cette liberté qu'elle va à son tour enseigner aux enfants de ses classes.

Son éducation est plurielle et très tôt elle est confrontée aux changements géographiques et culturels, ce sont ces expériences qui lui permettront de s'adapter plus tard aux mutations de son mari Félix Éboué.

Si adaptabilité et écoute sont deux piliers qu'elle revendique de l'éducation de son père, elle sera en désaccord profond avec lui sur un autre de ses principes « *l'ennemi du noir n'est pas le blanc mais le noir* ». Elle ne cherchera ni à copier le mode de vie européen, ni à revendiquer outre mesure une culture pan africaine, elle restera dans le respect des cultures et c'est sans doute cette posture qui la rapprochera autant de son époux.

Eugénie Tell, Guyane 1910.

PORTRAIT D'UNE AMOUREUSE

« *Mon Lix adoré, savez-vous que demain nous devrions fêter Saint Félix. Or vous serez loin, bien loin... aussi laissez-moi en même temps que je vous envoie mes vœux, vous prier mon aimé d'accepter ce petit souvenir, le premier qu'il m'aura été permis de vous offrir. N'y voyez que l'intention car la gravure est primitive ; vous savez qu'il ne faut pas être difficile dans notre pays. Au moins pendant les longs séjours que vous allez passer à Cayenne, servez-vous souvent de ce fume-cigarette qui vous rapprochera de votre fiancée déjà bien triste à l'idée de cette séparation. Je vous promets cependant d'être courageuse et de ne plus vivre que pour votre prochain retour... Je ne vous ai pas repris mon cœur, gardez-le donc toujours avec la même fidélité.*

Je vous laisse car il faut que vous vous reposiez un peu. À tout à l'heure mon Lix, mon aimé et à l'occasion de votre fête laissez-moi vous embrasser plus tendrement que je l'ai fait jusqu'ici.

Pour toujours mon seul amour. Votre Niette ».

Niette est le surnom que Félix a donné à Eugénie et qu'elle utilisera pour signer toutes leurs lettres. Voilà comment Eugénie s'adresse à son fiancé un mois avant leur mariage qui sera célébré à Saint Laurent du Maroni le 14 juin 1922. De son côté Félix n'est pas en reste « *ma divine fiancée* », « *ma fée* », « *ma douce mienne* », « *ma douce fiancée* ». Mais qui est donc ce Félix Éboué qui a fait chavirer son cœur ?

Comme elle, il est né à Cayenne, le 26 décembre 1884 et comme elle, il a fait la seconde partie de ses études dans l'hexagone.

Eugénie et Félix Éboué, juin 1922.

Il est boursier à Bordeaux où il est lycéen avant de rejoindre Paris et l'École Coloniale où il poursuit ses études avec son ami René Maran, futur lauréat du Prix Goncourt en 1921 pour son Roman « Batouala ».

Félix Éboué est passionné et très attiré par l'Afrique et à la sortie de l'école en 1910, il demande expressément à être envoyé en Oubangui-Chari (actuelle République de Centre Afrique) comme administrateur adjoint. C'est à partir de ce moment-là que ce petit-fils d'esclave originaire d'Afrique, va mettre en pratique les idéaux de Pierre Savorian de Brazza. La colonisation n'est pas là pour soumettre et pour imposer une vision occidentale d'un mode de vie mais pour apprendre les uns des autres.

Il se fait rapidement remarquer de sa hiérarchie, majoritairement blanche en décidant d'apprendre les langues locales pour être en contact direct avec les populations. Comme Brazza avant lui, il ne veut pas de traducteur et souhaite s'adresser directement aux tribus et à leurs chefs. Il considère que « *dans tous pays il y a des cadres. La grande erreur pour le peuple européen qui vient là en conquérant, c'est de détruire ces cadres. Le pays privé de son armature tombe alors dans l'anarchie...* »

Plus tard quand il sera Gouverneur Général de l'Afrique Équatoriale Française, il exprimera ses convictions « *l'Afrique doit garder, en le perfectionnant, un droit africain...* » il précisera par rapport à l'importance de la culture et de la connaissance « *C'est en développant votre culture que vous arriverez à vous évader des misères du temps et à vous forger, quoi qu'il arrive, la seule indépendance réelle : l'indépendance de l'esprit* ».

Mais revenons en 1921 où il retrouve Eugénie qu'il avait rencontrée dix ans plus tôt lors d'un mariage. Il est déjà le père de deux garçons Robert et Henry qu'il a eus avec deux femmes différentes lors de ses mutations africaines. Félix Éboué n'est pas homme à se défiler, aussi il assume ces deux paternités en reconnaissant les enfants et en les confiant à sa mère pour qu'elle les élève en Guyane.

Eugénie est séduite par Félix. Il a une stature imposante de sportif, il a beaucoup pratiqué l'athlétisme et surtout le rugby portant les couleurs du Stade Bordelais puis du Sporting Club Universitaire de France créé par Charles Brennus (l'homme du bouclier), son uniforme d'administrateur colonial est prestigieux, mais surtout ses idées universalistes et humanistes correspondent bien à ses attentes. Comme elle, il est passionné par l'être humain, au-delà de leur engagement maçonnique, ce sont des êtres qui respectent profondément l'autre et qui vont, toute leur vie, chercher à améliorer la vie des personnes qu'ils croisent.

Pour l'heure, ils sont totalement amoureux l'un de l'autre, elle se sent prête à tout et notamment à le suivre dans toutes ses futures affectations et à élever ses deux fils.

Se retrouvant seuls tous les deux, Félix dépasse sa timidité et déclare sa flamme en ces termes selon Jean de La Roche son plus proche collaborateur « *Félix Éboué parla de sa vie en Afrique, de ses luttes, de ses projets, il parla aussi de la solitude qui lui pesait de plus en plus. Mais qui voudrait d'un homme qui avait déjà deux enfants ? Les jeunes filles ne savaient pas ce qu'étaient la solitude et la vie de brousse, et il était sans doute condamné à repartir et rester seul toute sa vie. Il aimait une jeune fille, mais comment lui faire comprendre sans la froisser, cette situation difficile ?*

Eugénie Tell répondit que la meilleure méthode était certainement de dire la vérité ; si la jeune fille l'aimait, elle n'hésiterait pas. Félix Éboué lui demanda alors vivement : et si cette jeune fille c'était vous ? J'accepterais. Répondit-elle ».

Mais aussi fougueux et romantiques qu'ils soient l'un et l'autre, Félix se doit de respecter les règles de l'époque ; c'est ainsi qu'il charge un ami de demander pour lui la main d'Eugénie à Herménégilde « *Cher Monsieur Tell, c'est mon ami Félix Éboué qui sollicite l'honneur de s'unir à mademoiselle Eugénie. Les nécessités de la carrière coloniale de mon ami ne lui avaient pas permis de rencontrer Mademoiselle votre fille pour laquelle il a gardé depuis son passage au Maroni, en 1912, l'impression la plus vive et la plus sincère. Il désirerait aujourd'hui obtenir la main de celle qui symbolise pour lui l'être cher qui doit partager sa vie...* »

Devant l'amour réel qui existe entre Eugénie et Félix, Herménégilde donne son accord et les deux amoureux s'unissent à Saint Laurent du Maroni le 14 juin 1922. La photo qui existe de leur mariage montre une Eugénie toute frêle aux côtés d'un Félix en grand uniforme blanc, mais on sent dans leurs regards tout l'amour qui les unit et le bonheur de ce moment.

Si l'harmonie amoureuse et intellectuelle entre Eugénie et Félix est parfaite, elle l'est moins sur un plan physique. Lui est très grand et massif et elle, mesure à peine 1 m 50. Malgré le port de ses chapeaux et turbans elle n'arrivera jamais plus haut que les épaules de son époux, ce qui ne l'empêchera jamais de l'appeler « *mon P'tit' Lix tant aimé* ».

Amoureuse et accueillante, elle l'est totalement et installe dans son nouveau foyer Henry âgé de 10 ans et Robert qui n'a que 3 ans.

Dès le mois de juillet, ils quittent la Guyane pour Paris où ils s'installent dans un petit appartement à l'arrière de la Place de la Madeleine, rue Chauveau-Lagarde. C'est là qu'en mars 1923 elle donne naissance à Ginette.

La vie familiale et parisienne réjouit Félix mais ne l'empêche pas de s'impatienter de ne pas recevoir sa nouvelle affectation. Avec son ami René Maran ils fréquentent les milieux intellectuels parisiens où naissent les premiers courants autour de la culture africaine à la suite de la publication retentissante de « Batouala » qui fera de son auteur un écrivain rejeté par une partie réactionnaire de l'intelligentsia parisienne. Cette frange le traitant de « *nègre imposteur, raciste et endetté* » et précisant « *la civilisation n'a pas que des bienfaits. Elle nous a valu le livre de Monsieur Maran* ».

Félix Éboué fréquente aussi quelques cercles de réflexions maçonniques ainsi que des hommes politiques proches de la SFIO où il prend sa carte, convaincu que les idéaux de justice sociale et d'égalité doivent se transformer en réalité concrète pour le plus grand nombre.

Sa nomination comme administrateur de 1re classe arrive enfin et il obtient de pouvoir retourner en Oubangui-Chari en famille. C'est donc par bateau puis par la route et par le fleuve qu'après de longues semaines toute la famille Éboué arrive à Bougassou. C'est à Jean de La Roche que revient le soin de raconter ce voyage et cette arrivée. « *En novembre 1923, Félix Éboué, sa femme et leur petite fille quittèrent Paris pour l'Afrique Équatoriale. De Bordeaux à Matadi, le voyage entrecoupé de nombreuses escales prit 3 semaines. Du port belge de Matadi à l'embouchure du Congo, on se rendait par voie de terre jusqu'à Kinchassa, qui se développait rapidement sur la rive belge de Stanley Pool; enfin, on traversait le Pool et on arrivait à Brazzaville. C'était un dimanche après-midi et tout était fermé. Félix Éboué ne put trouver avant la nuit personne chez qui loger sa famille. Il dut se résigner à l'installer avec tous les bagages, dans la seule pièce vacante, et complètement vide qu'offrait la case de passage, baraque vétuste située près du fleuve. Il fallut déplier les lits de camps, ouvrir les cantines et dîner de boîtes de conserves à la lueur d'une lampe de brousse perchée sur une petite valise* ». Il fallait être très amoureuse et en totale confiance pour accepter de se lancer dans une telle aventure dans de telles conditions.

Pour améliorer un ordinaire bien spartiate et même parfois hostile, Eugénie se fait livrer son piano qui va lui permettre d'égayer son quotidien et de continuer à pratiquer cette musique qu'elle aime tant, s'accompagnant régulièrement de ses propres chants et qui enchantent toute la maison. Ce sera le premier piano qui arrivera dans cette partie du monde.

Ce territoire de Bougassou est en plein cœur de la Centre Afrique, sans moyen de transport, où très peu d'européens vivent ou passent. Les propos d'André Gide publiés en 1927 dans son récit « Voyage au Congo » permettent de comprendre mieux ce que les Éboué vivent « *tandis que l'on approche de Bougassou, l'on commence à rencontrer des gens coiffés de façon extrêmement bizarre : un côté de la tête est rasé, l'autre couvert de petites tresses flottantes, ramenées en avant. Ce sont des N'Zakoras, une des tribus les plus intéressantes des Sultanats... La ville se ressent sans doute de l'occupation militaire et a beaucoup perdu de son étrangeté... Interminable déjeuner chez Monsieur Éboué, chef de la circonscription, originaire de la Guyane, (auteur d'une petite grammaire Sango que je travaille depuis huit jours). Homme remarquable et fort sympathique* ».

Pour Eugénie c'est un choc que cette Afrique profonde et isolée « *la Cendrillon de l'Empire* » où en dehors des propos rassurant de Félix elle a pu en lire les descriptions dans les romans de Joseph Conrad ou bien dans les pages de « Batouala » dans les récits de Stanley, de Livingstone ou de Brazza. Ces récits mettent en avant la rudesse du climat, la violence de certaines tribus à l'encontre des européens et il faut les propos de Félix et sa connaissance de ces territoires pour rassurer sa femme et jeune mère.

Félix joint à ses paroles et ses explications les travaux qu'il a déjà menés dans cette partie de l'Afrique permettant de nourrir la curiosité d'Eugénie et de lui donner envie d'en savoir plus. Pour ne pas rester seule à l'attendre lors de ses incessantes visites dans tout le territoire dont il a la charge, elle décide de se plonger dans la culture africaine. S'il a publié en 1918 une analyse de la grammaire et du vocabulaire de la langue Sango, elle veut aller plus loin dans ses recherches et plus loin avec lui.

Très vite Félix la convainc que cette Afrique qui les entoure et les fascine recèle de nombreux secrets qu'il leur faut percer et donc de comprendre le monde dans lequel ils sont immergés. C'est aussi pour eux, comme ce fut le cas avant pour Savorgnan de Brazza ou Lyautey, la façon de témoigner du respect pour les populations, leurs habitudes, leur mode de vie et leurs croyances.

En agissant ainsi ils font œuvre des valeurs républicaines qui leur sont si chères. La Liberté de penser et de vivre en respectant les autres. L'Égalité en faisant en sorte que descendants d'esclaves venant d'Afrique en Guyane, ils puissent garantir aux populations locales un traitement identique à celui des représentants de la France. Liberté et égalité passant aussi par le fait que les populations puissent être autonomes en matière d'agriculture, de production, de santé et de déplacement. Et enfin la Fraternité, il s'agit de faire de la solidarité une réalité dans les relations entre les populations et les représentants de la République.

Ces trois valeurs républicaines qui sont incontournables pour le couple Éboué ne sont pas toujours partagées par les européens en Afrique et particulièrement par les représentants des sociétés concessionnaires qui exploitent les richesses naturelles et les populations pour améliorer leurs profits. Au début du XXe siècle Savorgnan de Brazza est renvoyé en Afrique par le gouvernement français pour mettre un terme à ces abus (humains et financiers) et apaiser une situation qui devenait de plus en plus conflictuelle avec les populations africaines qui n'acceptent plus le pillage systématique de leurs richesses et le massacre de leurs hommes exploités dans les mines ou dans les constructions d'infrastructures comme les voies de chemin de fer.

La première guerre mondiale est aussi passée par là et de nombreux africains ont combattu sur les champs de bataille sans toujours rentrer ou en revenant blessés et traumatisés. Le récent film « Tirailleurs » de Mathieu Vadepied avec Omar Sy traduit parfaitement les sentiments qui naissent dans les populations africaines à partir de ces années-là.

Félix a bien conscience de toutes ces situations, de ces colères et détresses qui sont nées, il va chercher l'apaisement et l'échange lors de ses déplacements et va sillonner sans cesse le territoire qu'il administre. Il veut aller à la rencontre de toutes les tribus, passé maître dans l'art de la palabre, il apprend les langues et les habitudes de toutes ces tribus et considère qu'il doit être au niveau de ses interlocuteurs. Aller vers eux, est pour lui la meilleure façon de leur démontrer qu'il vient pour apaiser et pour construire, pas pour envahir et imposer.

Lors de ses déplacements qui durent souvent plusieurs semaines, il laisse Eugénie seule avec les enfants. C'est pour se rapprocher de lui et de ses centres d'intérêts qu'elle lui demande de l'initier à l'art de la palabre et aux langages locaux. Langages tant parlés que sifflés et tambourinés.

Si le 14 mai 1924 est une date heureuse pour Eugénie et Félix avec la naissance de Charles, 1924 et l'année suivante sont marquées par des évènements douloureux pour le couple qui perd à peu de temps d'intervalle le père d'Eugénie et la mère de Félix. Compte tenu des difficultés de déplacement et des règles de mobilité des administrateurs, ils ne peuvent revenir en Guyane qu'en 1926. Ce séjour sera consacré à la famille, aux souvenirs et au deuil.

Puis c'est le retour en Afrique, Eugénie va désormais se consacrer pleinement à décrypter les langages des tribus africaines. Le point de départ à cette volonté totale d'apprendre les langues vient probablement de cet échange un soir où elle se plaint de ne pas comprendre ce que Ginette lui dit car elle ne parle que la langue de sa nounou « *Apprends à parler la langue de ta fille* » lui répond un peu sèchement Félix. Piquée au vif et consciente qu'elle doit comme son mari se mettre à l'apprentissage des langues locales elle se livre à corps perdu dans cet apprentissage.

Ayant toujours été une très bonne musicienne, elle a une oreille très développée et va se servir de son piano pour commencer à déchiffrer les sifflements et les coups martelés sur des morceaux de bois par les populations locales. Au-delà de la simple étude de déchiffrement, ils vont se livrer à un travail qui regroupe les sciences, la musicologie et l'ethnologie.

En 1918 après avoir publié son étude sur la grammaire et le vocabulaire Sango, Félix avait rejoint comme membre correspondant la société française d'ethnographie. En 1931, il présente au XVe congrès d'anthropologie de Paris les premiers résultats du travail conjoint qu'il a mené avec Eugénie sous le titre : « Les peuples de l'Oubangui-Chari, essai d'ethnographie, de linguistique et d'économie sociale ».

Derrière ces travaux et ces études qu'ils mènent ensemble, il s'agit de mieux faire connaître ces populations africaines qui restent encore cantonnées à des caricatures dans l'esprit des français. « La Revue Nègre » qui mettait en scène Joséphine

XVIe CONGRÈS INTERNATIONAL
D'ANTHROPOLOGIE
BRUXELLES - 1935

La clef musicale des langages tambourinés et sifflés

par

M. Félix ÉBOUÉ

BRUXELLES
IMPRIMERIE MÉDICALE ET SCIENTIFIQUE (Société Anonyme)
34, rue Botanique, 34

1936

Baker dansant avec une ceinture de bananes date de 1925 et a beaucoup marqué les esprits livrant ses lots d'a priori sur l'Afrique et les africains.

Pour eux il est primordial de faire partager au plus grand nombre la connaissance des cultures africaines, faire comprendre leurs modes de fonctionnement, montrer que ce continent n'est pas un sous-continent habité par des sous populations. Ils veulent ouvrir l'Europe à ces cultures et expliquer en quoi elles sont des apports pour le vieux continent.

Cela se fait dans un contexte houleux comme on l'a vu avec les déclarations qui ont suivi le prix Goncourt de René Maran. L'Afrique fait au mieux peur et au pire elle est considérée comme le lieu d'enrichissement des pays européens, un territoire où chacun peut venir se servir en dessinant des frontières avec des équerres, des règles et des compas. Les Éboué sont porteurs de valeurs humanistes et d'un grand respect des autres. Leurs années passées en Afrique leur ont permis de comprendre les tribus, de partager leurs habitudes et leurs coutumes et la première façon de faire comprendre ces cultures est de rendre leur langue accessible au plus grand nombre. C'est la raison pour laquelle ils vont sans relâche s'attaquer à comprendre ce que les sifflets et les coups martelés veulent dire et voir comment ces signaux peuvent être compris dans la vaste immensité africaine où les moyens de communication ne semblent pas exister.

En 1936, ils publient dans le cadre du XVIe Congrès d'Anthropologie « La Clé musicale des langages tambourinés et sifflés ». Cet ouvrage signé par Félix s'inscrit dans le prolongement de sa publication de 1931 et démontre que les populations de l'Oubangui comme celles du Soudan utilisent une langue reposant sur le sifflement et l'usage de tambours.

« *L'enquête n'avait pas pour but d'établir le vocabulaire musical complet des langues Massi, Gourounsi et Bobo, mais simplement, modestement de vérifier, à l'aide de quelques notations, si la clé de Bambari pouvait jouer ici. Il est permis de répondre par l'affirmative et de dire que les notations musicales réalisées par Madame Éboué-Tell, ont conduit aux mêmes résultats que dans l'Oubangui, aussi bien pour les langages tambourinés que pour les langages sifflés* »

Cette découverte est majeure, elle établit l'existence d'une langue universelle comprise partout et par tous. Cette découverte arrive aussi à une période post première guerre mondiale où avec la création de la Société Des Nations on cherche « *une langue équitable pour les relations internationales* » c'est le moment où l'espéranto inventé par Louis-Lazare Zamenhof en 1887 va retrouver un essor. Mais si cette langue mondiale existait déjà et provenait du continent africain ?

Pour mesurer l'efficacité de cette langue et son mode de propagation, Eugénie et Félix vont se livrer à de nombreuses expériences, la plus fréquente consiste à envoyer au même moment un message annonçant l'arrivée de Félix dans un village en utilisant le télégraphe d'un côté et le langage sifflé et tambouriné de l'autre. À chaque fois c'est le second moyen qui arrive le premier dans les villages quels que soient la distance à parcourir ou les obstacles naturels à franchir.

Quand Félix relève les sons et les usages, c'est Eugénie qui grâce à sa pratique de la musique transforme le tout en partition musicale et donc peut à son tour se mettre à reproduire cette langue sur son piano. C'est ce qu'elle fera très souvent devant des interlocuteurs surpris de la voir jouer quelques notes sur son piano qui déclencheront tantôt l'arrivée du personnel avec le plateau de thé ou encore venant simplement demander la raison de son appel.

Leur publication se termine par ces lignes « *Il y aurait encore beaucoup à dire partant de ces différentes observations, sur la poésie des primitifs qui reste encore confondue avec la musique et la danse... Pour exploiter cette découverte et pour en apprécier toute la valeur scientifique, on aimerait voir s'organiser des missions des spécialistes qui procéderaient, sur place, à l'établissement de vocabulaires musicaux complets et à une étude comparative des partitions ainsi obtenues.* »

En 1941, alors que leurs activités sont très tournées vers l'organisation de la France Libre, une suite sera publiée sous le titre « La notation musicale des tambours et des messages sifflés ». C'est dans cette publication qu'ils feront le parallèle entre la langue des Banda et celle des grecs anciens. Une langue complète, ancienne et où les mots possèdent une mélodie en plus de leur sens. Ces travaux sont aujourd'hui encore salués et utilisés.

C'est probablement en menant à bien ces recherches et en comprenant au mieux le monde africain qu'ils prirent conscience aussi des faiblesses de ce monde avec entre autres la dépendance alimentaire et économique de ces territoires. C'est pour lutter contre ces dépendances et ces fragilités que Félix fit développer avec succès la culture du coton dans l'Oubangui et le Tchad, permettant à ces régions en exportant leur production de s'affranchir quelque peu de leur dépendance économique.

Les recherches anthropologiques d'Eugénie en Afrique ne se limitent pas au seul apprentissage de la langue, elle va étudier la sculpture sur bois et sur cuir. Elle apprendra ces techniques et réalisera de nombreux objets pour son usage familial (boîtes à clés, panneau sculpté, porte manteau, ronds de serviettes...) et pour offrir à ses visiteurs. Un grand nombre de ces objets seront volés et détruits dans leur maison à Asnières pendant l'Occupation. J'ai eu la chance de contempler certaines de ces « œuvres », dont un magnifique vestiaire en bois sculpté où se mêlent les représentations animalières et humaines sur un fond d'une végétation très abondante. Eugénie y développe un véritable talent dans l'art des bas-reliefs que ce soit sur bois ou sur cuivre.

Le couple veut que leurs séjours en Afrique profitent à toute la famille et soient une chance aussi pour les enfants. C'est pour cette raison que Ginette et Charles sont placés à l'école communale du village bénéficiant du même traitement que tous les autres enfants africains. Même traitement, même discipline, même soin, ils sont convaincus qu'en agissant ainsi ils inciteront les autres parents d'origine européenne à agir comme eux et à faire en sorte que les enfants grandissent ensemble sans a priori ou différence. L'éducation pour Eugénie comme pour Félix est la base d'une culture et d'une histoire communes et donc le point de départ du respect commun entre les hommes.

Eugénie en vraie curieuse, passé le choc réel de l'installation dans cette partie isolée de l'Afrique, s'est ouverte aux autres, à leur culture, à leur mode de vie et à leur art. Elle a soif de comprendre ce qui l'entoure. Des qualités qu'elle mettra désormais au service de Félix Gouverneur de la République.

A nos amis André Louis, musicien — Basse-Terre
et Marius Collat, musicien — Fort de-France

HONNEUR

au Gouverneur Félix ÉBOUÉ

Chanson populaire

Paroles d'un groupe d'Antillais

Musique de Marius Lancry

Tous droits d'exécution, de reproduction et d'arrangement réservés pour tous pays

— Propriété de l'auteur —

PORTRAIT D'UNE FEMME ENGAGÉE

« *Bonjour Monsieur le Gouverneur, Bonjour Madame la Gouvernante, veuillez accepter ces fleurs de notre île reconnaissante. Nous venons tous vous saluer au nom de notre Martinique. Honneur à vous Monsieur Éboué Gouverneur de la République. Vive le Gouverneur Antillais. Pour nous quel grand honneur nous français* ».

Ce sont sur ces paroles de Benjamin Ludon chantées par un groupe antillais qu'Eugénie et Félix quittent la Martinique en 1934 après qu'il a exercé la fonction de Secrétaire général de la Préfecture et remplacé le Préfet à partir de juillet 1933. Eugénie est loin d'être la « *gouvernante* » de Félix, elle est son épouse, la mère de ses enfants mais pleinement elle le seconde dans ses missions. Il est très vite populaire comme le montre cette chanson et comme en attestent les photos de leur départ de la Martinique où une foule massive les accompagne jusqu'à leur bateau. Cette popularité acquise en très peu de temps (moins de deux ans) vient du fait que Félix est le premier noir à occuper de telles fonctions et provient aussi de l'attitude que le couple va avoir sur l'île ; ayant à cœur de se mêler à toutes les populations d'aller à la rencontre de tous et partout des plus humbles au plus influents.

Durant cette période en Martinique, le rôle d'Eugénie aux côtés de Félix va s'enrichir d'une autre dimension, l'engagement en politique dans le sens grec du terme, s'impliquer dans la vie de la cité à la fois dans un rôle protocolaire mais également en partageant avec son époux ses impressions issues de ses déplacements et de ses rencontres avec la population.

C'est aussi pendant ce séjour qu'elle va, comme l'avait fait son mari quelques années plus tôt, rejoindre la franc-maçonnerie en étant initiée en avril 1934 à la Loge mixte du Droit Humain à Fort de France. Cette initiation maçonnique lui apportera encore plus d'épaisseur humaniste et de connaissance académique. Cette appartenance, elle ne la portera jamais en totem ni ne s'en cachera. Elle s'intégrera simplement dans sa vie familiale comme cela fut le cas pour son père, son mari et pour ses enfants plus tard.

L'arrivée du couple Éboué en 1932 en Martinique est accueillie différemment en fonction des populations. Pour les martiniquais noirs c'est une grande fierté de voir arriver l'un des leurs à une telle fonction, pour l'administration venant de France et à commencer par le gouverneur son supérieur direct, l'enthousiasme est beaucoup plus nuancé. Félix et Eugénie sont précédés d'une réputation de socialistes et de progressistes, donc comme pouvant favoriser les classes populaires au détriment des classes dominantes.

Quelles que furent leurs opinions politiques ils ne firent jamais durant ces années autre chose que d'appliquer les consignes du gouvernement. C'est durant ces années à la Martinique qu'ils seront confrontés pour la première fois à du racisme de la part de certains membres de la communauté blanche et de la part de certains fonctionnaires. En effet pour certains fonctionnaires blancs il est insupportable d'être dirigés par un noir et qui plus est un noir populaire.

En Martinique, comme quelques années plus tard en Guadeloupe, Félix va s'atteler à lutter contre la fraude électorale et il sera aura souvent amené à se heurter à certains élus locaux qui ne comprennent pas pourquoi il met tant de zèle à vouloir asseoir la démocratie et le respect de tous les électeurs.

Pour Félix Éboué, mener ces combats ne peut se faire que s'il a le soutien plein et entier de sa famille, où chacun peut partager ses idées et ses points de vue. La cellule familiale conçue par Eugénie et Félix est un lieu d'échanges, de débats et d'enrichissements.

C'est leur fille Ginette qui raconte bien ces moments de complicités « *devant nous, Papa répétait certains de ses discours. Si nous n'applaudissions pas à certains passages, il s'écriait Plaudite, cives plaudite (applaudissez citoyens, applaudissez). Puis dans un sourire il nous disait Passage à refaire, puisque vous n'avez pas réagi. Nous étions ravis de passer pour un public adulte* ».

Leur vie de famille est très classique et ils ne font jamais rien les uns sans les autres, c'est encore Ginette qui raconte cette intimité dans une conférence donnée au Sénat en 1990 « *A la Martinique, où pour lui tenir compagnie le soir où il travaillait sur ses dossiers, Maman s'adonnait à ses travaux de pyrogravure, de cuivre repoussé et à la fabrication de tapis de haute laine* ». C'est cette même image de couple très classique et sans histoire, lui lisant son journal après une journée de travail et son épouse tricotant à ses côtés, qui sera publiée par la propagande de la France Libre. Comme pour le général de Gaulle et son épouse les époux Éboué feront l'objet pendant la guerre d'une série de publications montrant un couple très ordinaire menant une vie apparemment bien calme, où brûle pourtant le feu de l'action et la colère contre les injustices.

Assurant l'intérim du Gouverneur à partir de juillet 1933, Eugénie et Félix décident un bal Bleu Blanc Rouge invitant toutes les communautés au Palais du Gouvernement. Cette invitation suscita les réactions les plus violentes de la part des communautés blanches mais aussi de la part de la communauté noire, chacune pensant que l'autre ne viendrait pas et accusant l'autre de vouloir faire échouer ce projet. Malgré les réticences et les a priori, le bal eut lieu et pour la première fois toutes les communautés étaient réunies à un même événement mondain, invitées par un gouverneur par intérim, noir. Laissons là encore, Ginette raconter cet événement : « *Un jour Papa pensa qu'il fallait rapprocher dans une réception officielle les représentants des différentes classes sociales ainsi que les notabilités de l'île. Certains dans son entourage se montrèrent inquiets, pensant que les gens ne se mélangeraient pas. Mais en fait le 14 juillet 1933, les Martiniquais avaient tenu à lui accorder un témoignage public de satisfaction pour l'indépendance et la haute impartialité qui présidaient tous les actes de son administration. Et ce bal, le Bal Tricolore donné dans les salons du Gouvernement, fut un réel succès. Il paraît que l'orchestre dut jouer la Marseillaise au petit matin, pour convier les danseurs à quitter le Palais !* ».

Toute la soirée Eugénie restera aux côtés de son époux pour accueillir les invités, animer la soirée et danser avec lui.

Quand Félix Éboué s'attèle à la mise en place d'une vaste politique favorisant l'accès et la pratique du sport pour tous, Eugénie de son côté, fortement influencée par ses années d'institutrice en Guyane et par ses années africaines va mener une campagne auprès de son époux pour donner des logements décents à une partie des habitants de Fort de France comme le raconte Jean de La Roche dans son livre « Le Gouverneur Général Félix Éboué » : « *Presque en pleine ville de Fort de France, sur les rives de la rivière Madame, s'élevaient des baraques datant de l'émigration indienne, où une population de clochards trouvaient de misérables abris. C'était une lèpre d'autant plus redoutable que la municipalité de Fort de France et l'administration de l'île se prétendaient toutes deux incompétentes. Félix Éboué n'hésita pas à faire raser les taudis de la rivière Madame, faisant héberger les nécessiteux dans les asiles, remettant au travail ceux qui pouvaient gagner leur vie et permettant à la ville de guérir enfin d'une plaie qui la défigurait* ».

Ensemble ils sont impossibles à arrêter, ils font bouger les lignes, reculer la misère et les injustices. En lisant Ginette on sent une grande complicité dans la famille et une vraie joie de vivre « *Papa était un lève-tôt, qui faisait tuer le cochon puis préparait boudin, crépinette, bref tout ce que l'on pouvait faire d'un cochon. Je le vois encore à la Martinique revêtu d'un tablier blanc préparer avec amour ce qu'il voulait offrir à ses amis. Puis, après avoir changé de tablier, il s'attaquait à la pâtisserie, au désespoir parfois de notre chère Maman, car le beurre et les œufs étaient généreusement distribués ! Notre souvenir d'un fameux gâteau au chocolat est encore bien là et avec tous nos amis nous avions vite fait de le déguster... Papa en pyjama (pour moi c'était le plus beau qui puisse exister) mes frères et moi sagement assis en chemise de nuit et pieds nus, et Maman au piano. Alors montait dans la nuit une série de symphonies, ma mère avait une merveilleuse voix de soprano et parfois la voix de ténor léger de Papa l'accompagnait* ».

Il fallait bien ces moments qu'Eugénie savait favoriser et préserver pour que Félix résiste aux hostilités locales dont celles du Gouverneur lui-même. Pour mettre un terme à la querelle entre Félix et le Gouverneur qui devenait de plus en plus visible et qui remonta jusqu'à Paris, le ministre des colonies Pierre Laval rappela en 1934 les deux protagonistes à Paris.

Eugénie et Félix vont profiter de cette pause forcée pour se trouver une maison familiale, un lieu qui puisse permettre à toute la famille de se retrouver et de passer des moments tous ensemble. Elle déniche ce havre à Asnières-sur-Seine au 11 rue Michelet. C'est une assez grande maison entourée par un jardin. Elle va consacrer les mois de juin à août 1934 à la décorer en y installant tous leurs meubles et objets qui viennent de Guyane, d'Afrique et de Martinique. Pour elle, cette maison est très importante, ce lieu doit lui permettre d'accueillir tous leurs souvenirs. Le jardin permet aussi de bénéficier de cette verdure si importante dans le quotidien du couple. Enfin un lieu de vie pour recevoir amis et famille.

Mais le repos est de courte durée puisque tous les deux partent pour le Soudan (actuel Mali) en août 1934, où Félix est nommé secrétaire général du Gouverneur. À Bamako où ils arrivent ensemble il faut commencer par retrouver la force de s'acclimater à la météo locale. Les conditions de vie sont rudes pour le couple et leur santé est fragilisée par les maux locaux liés au climat et aux parasites.

Sur place elle se replonge avec passion dans ses études anthropologiques et elle va parachever ses recherches linguistiques et plus généralement culturelles sur les tribus Massi, Bobos ou Gourousi. Elle va définitivement démontrer que pour ces tribus musique et paroles sont synonymes et qu'il s'agit bien d'une langue commune. Découverte, aujourd'hui encore, reconnue comme une avancée majeure dans la compréhension des cultures africaines.

Au moment où elle avance dans ses recherches, Félix est nommé Gouverneur par intérim, mais Gouverneur du Soudan quand même. Il devient le premier Guyanais nommé à ce poste, le premier couple noir à être nommé « *Gouverneur et Gouvernante* ».

Durant ce séjour, Félix, soutenu par Eugénie, va mener différentes actions pour assurer le développement économique du pays, cherchant à éviter les migrations des populations vers des territoires où ils fourniraient une main-d'œuvre exploitée et peu coûteuse ; il valorisera la culture et le patrimoine africain en s'opposant directement aux adeptes des politiques d'assimilation.

À la rentrée de 1936, Éboué est rappelé à Paris où il espère pouvoir enfin se reposer dans leur maison asniéroise. Mais une fois encore le répit est de courte durée puisque le ministre des Colonies du gouvernement du Front Populaire de Léon Blum lui demande de partir pour la Guadeloupe où la situation sociale, politique et économique est catastrophique. Les qualités d'écoute et de respect de toutes les forces en présence font de Félix une sorte de sauveur pour la République qui a de plus en plus tendance à lui confier des missions périlleuses.

Dès le 10 octobre, il s'embarque seul pour la Guadeloupe. Cette séparation les déchire, preuve en est la densité et le contenu

Eugénie en Guadeloupe avec ses enfants Ginette
et Charles et l'un des fils de Félix, 1937.

de leur correspondance à cette période où les « *Lix* » succèdent aux « *Niette* ». Eugénie partage tout avec Félix, l'informe de tout son quotidien, de la vie politique parisienne, des carnets de dessins des enfants et de leurs résultats scolaires. C'est à cette rentrée scolaire que Ginette rejoint le collège de la Légion d'Honneur en 4e.

Eugénie est une mère attentive, une femme amoureuse mais une épouse souffrant de la séparation d'avec son époux et finissant ses lettres toujours de la même façon « *je t'envoie mille tendresses, je ne fais qu'un vœu, celui d'aller te rejoindre bientôt* » et comme un avertissement dans son post-scriptum elle ajoute « *ne me laisse jamais sans nouvelles* ».

Leur correspondance est assez comparable à celle entretenue entre Winston Churchill et son épouse Clémentine, emplie de conseils, de détails du quotidien, de tendresse et d'amour mais aussi de nombreux petits mots affectueux et de considérations ou d'interrogations sur le monde.

On sent à quel point Eugénie et Félix forment un couple fusionnel.

L'arrivée de Félix en Guadeloupe est rendue compliquée par la méfiance d'une partie de la population pour la politique sociale et progressiste du Front Populaire, autant de raisons d'attiser les tensions qui existent depuis longtemps entre le monde agricole et le monde ouvrier et avec la classe dirigeante de l'île. Comme il le dira plus tard « *jamais de toute ma vie, je n'ai prononcé autant de discours que dans ce pays* ». Il cherche à aplanir les situations, à expliquer la politique mise en place, il veut réinstaurer le dialogue entre les populations et se faire comprendre de tous.

Ces lignes de l'avocat Félix Rodes résument la situation « *jusqu'à présent le gouverneur était blanc, la police était blanche, la justice était blanche, Dieu est blanc. Et d'un seul coup le Gouverneur est noir. Le choc est véritablement terrible* ».

Durant ces deux années passées en Guadeloupe Éboué va s'efforcer de faire renaître la confiance. Confiance vis-à-vis des politiques en luttant contre la corruption, confiance des Guadeloupéens les uns envers les autres quelles que soient leurs origines. Eugénie, qui le rejoint fin 1936, accompagne chacune de ses décisions, donne son avis et apporte sa touche aux discours de Félix. Comme elle le fit en Martinique, elle organise un grand bal invitant toutes les populations de l'île et comme elle l'avait fait, elle va s'occuper du sort des plus démunis et plus particulièrement des enfants en veillant à faciliter leur accès à l'éducation et aux soins. Les prises de parole de Félix durant cette période sont à la fois emplies de ses convictions et de l'élan que porte l'arrivée au pouvoir du Front Populaire. C'est cette politique sociale qu'il veut favoriser, se heurtant aux conservatismes et à l'hostilité des lobbys coloniaux de l'époque. Derrière les grands discours de Félix, on retrouve les mots d'Eugénie et leurs préoccupations. Que ce soit son célèbre discours prononcé lors de la distribution des prix au lycée Carnot de Pointe à Pitre en juillet 1937 « *Jouer le jeu, c'est piétiner les préjugés, tous les préjugés et apprendre à baser l'échelle des valeurs uniquement sur les critères de l'esprit...* » ou son discours devant le Conseil Général de Basse-Terre en mai 1937 « *La santé et la vigueur des jeunes conditionnent au premier chef les destinées du pays. En les enlevant à l'oisiveté dangereuse, en éduquant et leurs muscles et leurs cœurs en leur apprenant à jouer le jeu et à consacrer toujours, et en toutes instances, l'esprit d'équipe, j'ai la conviction que nous avons fait une œuvre essentielle sans laquelle toutes les autres réalisations manqueraient de bases solides, sans laquelle nos efforts risqueraient d'être vains…* ». On retrouve ce sens commun de l'intérêt général, de la force du collaboratif contre l'individualisme dans ces mots prononcés en juin 1937 lors du Banquet du Front Populaire « *Lorsque les hommes de bonne volonté veulent conjuguer leurs efforts, sont décidés à surmonter toutes les difficultés, en vue de préparer l'avenir du pays et de passer sans attendre aux réalisations indispensables, il est donc prouvé que leurs entreprises sont vouées à une réussite certaine, quand les uns et les autres veulent faire de leur côté un effort loyal, quand ils veulent oublier ce qui les divise, pour ne retenir que ce qui les unit* ».

Ces mots, ces pensées, ces convictions seront mises en application par Eugénie dans ses engagements politiques dès la fin de la seconde guerre mondiale. Plus que de porter les idées et les mots de Félix, elle les rendra vivants et concrets dans les circonscriptions où elle sera élue ou dans les institutions et les associations où elle sera investie. Mais pour le moment des nuages sombrent s'accumulent de plus en plus dans le ciel des Éboué.

En 1938, le ministre des Colonies Georges Mandel décide de rappeler Félix en urgence à Paris. La population guadeloupéenne fait un cortège triomphal au couple pour les accompagner dans leurs derniers moments sur l'île, comme le relatent les colonnes du journal « Le Nouvelliste » du 27 juillet 1938 « *le Gouverneur Éboué, porté, embrassé, arraché, tandis que des bouquets de roses s'étalent sous ses pas, jonchent le sol. Tous les chars portent des inscriptions élogieuses Vive Papa Éboué* ».

Cette réaction est bien différente de celle des populations dirigeantes de l'île qui ont tout fait pour précipiter son départ, montant cabale après cabale pour décrédibiliser son action. La classe dirigeante craignait la popularité du couple Éboué et pensait que Félix se présenterait aux élections, il fallait donc s'en débarrasser au plus vite. Pour lui, cette éventualité, si elle le séduit un temps, ne correspond pas à son sens de la mission qu'il doit mener.

C'est donc le retour à Asnières où la famille peut enfin se réunir et se reposer. Pour combattre les maux issus de leurs séjours outre-mer et en Afrique, Eugénie et Félix vont passer quelques semaines en cure à Vichy. Vichy est l'un des passages obligés pour se remettre des conditions de vie difficiles pour les personnes séjournant dans les territoires de l'empire colonial. On peut encore voir aujourd'hui dans Vichy une trace de cette époque et des passages des « coloniaux » avec le Musée des Arts d'Afrique et d'Asie installé dans la maison du Missionnaire. La situation mondiale et européenne ne cesse de les inquiéter. Ils assistent avec inquiétude à l'arrivée au pouvoir des fascistes italiens et espagnols, des nazis allemands, un point commun à ces régimes est leur façon d'ériger le racisme en principe de gouvernement et de considérer que certaines races sont inférieures à d'autres. Ces pays ont également des volontés hégémoniques vers le continent africain et on voit allemands, espagnols et italiens envahir le continent en bafouant les principes de respect des populations locales.

Tout bascule pour les Éboué le 16 novembre 1938. Il est appelé par Georges Mandel qui lui signifie la fin de son congé et lui annonce qu'il a impérieusement besoin de lui.

Georges Mandel veut envoyer sans tarder Éboué au Tchad comme Gouverneur. Dans le contexte international si tendu, le Tchad est un territoire clé en Afrique et Mandel sent que la guerre est inéluctable. Il a confiance en Éboué en raison de sa connaissance de l'Afrique et de ses convictions politiques. Il sait pouvoir compter sur lui en cas de besoin et connaît aussi sa capacité à mobiliser des populations en cas de nécessité.

Félix part le premier et quitte son domicile d'Asnières qu'il ne reverra jamais. Désormais le voyage se fait en avion et il arrive le 4 janvier 1939 à l'aéroport de Fort Lamy (Ndjamena aujourd'hui). Eugénie reste encore quelque temps à Asnières pour veiller sur les enfants, Ginette est désormais au lycée de la Légion d'Honneur et Charles est au lycée Carnot à Paris.

Pour comprendre la haine et le racisme qui sévissent dans l'Europe de cette avant-guerre il faut lire une certaine presse populaire qui va se déchaîner à la nomination de Félix au Tchad « *je ne sais quel effet vous aura fait, vous nègre, c'est-à-dire n'appartenant pas à une race de dominateur, nommé gouverneur de la colonie française intitulé Tchad... Excellence, vous à qui on a imposé par hasard le nom de celui qui est tiré de la boue, peut-être pour vous empêcher d'y entrer par la porte du ministère des Colonies du Front Populaire* », voilà la lettre ouverte adressée à Félix par « L'Azione Coloniale » italienne. Des propos du même niveau sont publiés dans les colonnes de « l'Action Française ». Ou encore ces lignes publiées par « Le Nouvelliste d'Alsace » : « *le citoyen nègre appartenant au dit "Front Populaire", à qui quelques mois ont suffi pour mettre la Colonie à l'envers, ameuter contre lui ses frères en couleur, indigner les Européens et rendre la situation de la Guadeloupe absolument intenable* ».

Ces propos ne seront pas réservés à la seule presse d'extrême droite, on les retrouvera sous la plume de certains membres de la communauté française du Tchad après qu'ils auront pourtant rejoint la France Libre ; Félix sera surnommé par certains « Boubou 1er » et lui et Eugénie seront caricaturés, présentés comme des monarques décidant de tout et surtout comme étant des noirs gouvernants des blancs !

Ne voulant pas laisser Charles seul à Asnières, Eugénie décide en partant rejoindre Félix de l'inscrire au collège Jésuite de la Sainte Famille au Caire.

Les mois qui précèdent la déclaration de guerre, Félix les consacre à sillonner le vaste territoire du Tchad et à y renforcer le réseau routier ainsi que les capacités agricoles du pays. Il veut que son territoire puisse fonctionner en quasi-autonomie en cas de conflit.

Eugénie de son côté tente de rendre la résidence la plus agréable possible et la plus apaisante pour Félix lorsqu'il rentre, elle tourne en rond comprenant lors de ses échanges avec Félix que la situation est grave, elle le voit s'épuiser mais ne sait que faire pour le soulager. Pour le moment il est encore trop tôt pour s'engager et la situation lui semble terriblement instable.

Après la déclaration de guerre en 1939, il faut renforcer les capacités militaires du territoire ce qui est un défi pour Félix car la France n'envoie pratiquement aucun des matériels qu'il réclame. Pour lui, qui déclare « *celui qui tient le Tchad tient l'Afrique* », la défense du territoire et des frontières sont essentielles pour la France et pour les régimes démocratiques plus généralement.

Très rapidement Éboué comprend que la situation militaire en Europe tourne à l'avantage des allemands et de leurs alliés italiens. Les mauvaises nouvelles en provenance de France se succèdent de façon très accélérée, le 14 juin Paris est aux mains des Allemands, le 16 c'est par la radio qu'il apprend la demande d'armistice du Maréchal Pétain. Les militaires qui se trouvent en Afrique ne semblent pas vouloir se résigner à la défaite d'autant qu'ils n'ont pas du tout combattu.

Le 18 juin, Félix fait partie des rares à entendre la voix d'un certain général de Gaulle qui appelle depuis Londres à ne pas se rendre et à résister. Le lendemain il entend à nouveau les mots de de Gaulle « *Tout français qui porte encore les armes a le devoir absolu de continuer la résistance. Soldats de France où que vous soyez debout* ». *puis,* « *La France n'est pas seule... elle a un vaste empire derrière elle. Cette guerre n'est pas limitée au territoire malheureux de notre pays. Cette guerre est une guerre mondiale... quoi qu'il arrive la flamme de la résistance française ne doit pas s'éteindre et ne s'éteindra pas* ».

Ces mots sont des électrochocs pour Eugénie et Félix et pour ses collaborateurs comme Henri Laurenti ou le colonel Marchand qui ne peuvent se résigner à capituler et cela malgré les ordres du Gouverneur général Boisson qui depuis Brazzaville ordonne au Tchad et aux autres colonies de se rallier au Maréchal Pétain. Les officiers les plus âgés voient en Pétain le vainqueur de la première guerre mondiale. Pour eux, il est difficile de ne pas lui faire confiance et donc de lui désobéir. Mais pour les plus jeunes la question est vite tranchée et c'est la lutte qu'il faut continuer.

Le 9 juillet après en avoir longuement parlé avec Eugénie et conscient des risques qu'il va faire courir à sa famille (ses fils aînés et Ginette sont en France), Félix adresse un télégramme à de Gaulle lui assurant de son soutien. Le 16 juillet, il reçoit en retour de de Gaulle le message suivant « *je suis informé de votre attitude que j'approuve totalement* ».

De plus en plus visiblement Félix va afficher son soutien à la France Libre et au général de Gaulle.

C'est le 24 août que le Tchad va officiellement rejoindre de Gaulle et devenir le premier territoire de la France Libre. Premier d'une longue liste de territoires qui rejoindront le gouvernement installé à Londres.

C'est Jean de La Roche qui nous fait pénétrer dans l'intimité des Éboué pour comprendre l'importance de ce ralliement « *le Gouverneur Éboué avait pris sa décision à la suite de longues et douloureuses méditations, Ginette, pensionnaire dans une institution de la Légion d'Honneur, se trouvait en France, aux mains du gouvernement; et ses deux aînés, Henry et Robert, étaient prisonniers des Allemands qui, disait-on, massacraient les soldats noirs. Charlot, heureusement était au Caire, à peu près en sécurité. Le cœur serré à la pensée qu'ils jouaient peut-être le sort des trois enfants, le gouverneur et Madame Éboué s'appliquèrent à ne penser qu'au devoir qui s'imposait: maintenir le Tchad aux côtés des Alliés* ».

La pression et les menaces sur sa famille se multiplient, le Gouverneur Boisson adresse ce courrier à Éboué « *songez à vos enfants en France, des représailles seront exercées sur les familles* ».

Félix Éboué, gouverneur de l'Afrique Équatoriale Française (A.E.F.),
et le général de Gaulle, Brazzaville, octobre 1940.

Ces menaces peu voilées lui valurent une réponse cinglante de Félix le 4 octobre 1940 « *vous n'avez pas d'enfant et vous partagez l'hypocrisie d'un Gouvernement qui prétend restaurer la famille française... Vous ne pouvez pas aimer vraiment la France qui ne dure et ne vaut que par ses enfants... Vous n'avez pas d'enfant et la présence en France de nos enfants n'entre dans vos calculs que comme un moyen de torture contre nous. Car vous avez osé, Monsieur Boisson, nous menacer de représailles sur nos enfants. Avez-vous compris que nous ne vous le pardonnerons jamais* ».

On ne peut imaginer ce que serait devenu le général de Gaulle sans l'engagement de Félix et sans le ralliement du Tchad, il serait resté bien seul derrière son micro de la BBC ne pouvant revendiquer que quelques milliers d'hommes l'ayant rejoint mais manquant de territoires pour asseoir son autorité et sa légitimité face aux anglais et aux américains. De Gaulle sera toujours extrêmement reconnaissant à Éboué et à Eugénie pour leur engagement et pour leur sacrifice durant cette période sombre et incertaine.

Ces premiers mois qui suivent le ralliement sont pour Eugénie et Félix partagés entre excitation et inquiétude. Inquiétude quant au sort des fils de Félix prisonniers des allemands avec un certain Léopold Sédar Senghor. Celui-ci fera une entrée remarquée dans la famille Éboué quelques années plus tard. Inquiétude aussi pour Ginette qui compte tenu du nom qu'elle porte et de la condamnation dont ses parents sont frappés par le régime de Vichy, est mise à la porte du lycée de la Légion d'Honneur. Ginette qui est une jeune fille courageuse décide, à partir du décret de juin 1942 obligeant les juifs à porter l'étoile jaune, de la porter par solidarité.

Il faudra attendre octobre 1942 pour que les enfants, grâce à l'aide de Gaston Monnerville (guyanais ami du couple, ancien ministre et avocat célèbre très engagé dans la défense des droits de l'homme), puissent les rejoindre en franchissant les Pyrénées, traversant l'Espagne et le Portugal pour s'embarquer à Lisbonne pour Brazzaville où la famille sera enfin réunie. Voilà comment Gaston Monnerville relate cet épisode dans ses mémoires. « *Je m'occupai de faire venir Ginette à Marseille. Son frère aîné, engagé volontaire pour la durée de la guerre, prisonnier, évadé, vivait clandestinement à Paris; un autre frère plus jeune, interne dans un lycée de Lyon. Grâce au concours solidaire de résistants des deux zones, nous pûmes, ma femme et moi, faire passer clandestinement la ligne de démarcation aux deux premiers, après avoir accueilli le troisième. Notre intention était de les faire passer tous les trois en Espagne, pour gagner le Portugal, où un ami de leur père, dont j'avais l'adresse s'occuperait de les faire embarquer pour l'Afrique. Tout cela demanda du temps, nécessita force démarches et précautions; beaucoup de difficultés durent être surmontées. Je tiens à rendre hommage à l'esprit de solidarité, au dévouement des résistants de la région provençale, qui, sachant qu'il s'agissait des enfants de Félix Éboué, firent tout pour assurer le succès de cette opération complexe et difficile* ».

Charles avait quitté le Caire pour les rejoindre dès l'été 1941. C'est là qu'il prendra ses premiers cours de pilotage ce qui lui permettra de rejoindre la RAF où il sera un pilote de grand talent sur Spitfire. Il terminera la guerre, affecté au Groupe de Chasse Cigognes des Forces aériennes françaises libres.

Avant cela, le 5 juin 1941, Eugénie et Félix seront condamnés à mort par contumace par le gouvernement de Vichy qui dans le même temps leur retirera leur nationalité française et confisquera leurs biens, c'est à partir de cette date que la maison d'Asnières sera pillée.

Si Félix est sur tous les fronts de l'organisation militaire et civile de la France Libre (il faut tout reconstruire), Eugénie ne peut rester inactive et spectatrice de la situation, à son tour, comme elle l'écrira plus tard dans ses tracts électoraux elle devient « *la première résistante d'Outre-mer* ».

À partir de novembre 1940, de Gaulle ayant nommé Félix Gouverneur général de l'AEF, ils doivent partir s'installer à Brazzaville. C'est à cette même époque que Félix Éboué fait partie des cinq premiers Compagnons de la Libération, l'ordre que de Gaulle vient de créer.

Eugénie raconte leurs premiers mois à Brazzaville « *le Gouverneur Général était installé à Brazzaville depuis novembre ; sitôt arrivé, il avait fait place nette autour de lui : tous ceux qui refusaient de se rallier aux Forces Françaises Libres avaient été expulsés. Nous étions vraiment entre nous, tous brûlant de la même impatience, de la même foi vivace* ».

Elle s'engage à l'hôpital comme infirmière des Forces Françaises Libres où sans compter ses heures elle est aux côtés des blessés. Elle apporte secours et réconfort, faisant une pression amoureuse auprès de son mari pour des renforts et des médicaments quand la situation est trop complexe.

Eugénie se rendant à l'hôpital de Brazzaville en 1941.

Pour bien comprendre son rôle et ses actions durant cette période, il faut se reporter à l'ouvrage « Félix Éboué » d'Elie Castor et Raymond Torcy « *Dans Brazzaville, première capitale de la France Libre, Eugénie Éboué-Tell sut extérioriser l'un des aspects les plus nobles du génie de la France: l'amour patriotique. Qui mieux qu'Eugénie Éboué-Tell incarnait dans Brazzaville, aux côtés de Félix Éboué, la France féminine combattante et son génie. On les chercha vraiment? Pendant les cinq dernières années de la vie de Félix Éboué, elle sut sacrifier, avec abnégation, tous les intérêts y compris son amour maternel, au profit des intérêts nationaux, parce qu'aveuglé par son patriotisme et son amour pour la liberté* ».

Les photos de cette époque montrent une Eugénie toujours aux côtés de son époux durant les cérémonies officielles. On la voit coiffée de son turban où brille une croix de Lorraine en or offerte par le général de Gaulle, se rendant à l'hôpital ou allant au bureau du gouverneur, organisant transports, aides aux blessés ou cours pour les enfants. Elle parcourt la ville au volant de sa voiture se rendant partout où elle peut être utile.

Elle est certes investie dans la vie résistante mais aussi dans la vie sociale de Brazzaville comme le montrent les caricatures de Mitelle (opérateur radio à Brazzaville) où l'on voit Eugénie danser lors d'une des soirées organisées par le Gouverneur avec le consul des États-Unis monsieur Lawrence Taylor. Le dessin est très drôle montrant une Eugénie toute petite tentant de s'accrocher au bras d'un consul très grand et élancé.

Malgré les responsabilités et les charges qui lui incombent Eugénie reste la même, spontanée, directe et avec son franc-parler ce qui ne manquera pas de surprendre le général de Gaulle lors d'une visite qu'il fit à Brazzaville, où il était logé chez le Gouverneur général. Alors qu'il est dans le jardin de la résidence et lit un livre assis sur un banc, il entend Eugénie s'écrier depuis une fenêtre « *Charlot vient ici tout de suite !* ». De Gaulle surpris par cette apostrophe, lâche son livre et se retourne vers Eugénie qui ne se trouble pas et continue à appeler « *Charlot* » … son fils. Pour comprendre son énergie et la façon dont, sans hésitation ou doute, elle vivait sa foi en la France Libre il faut lire le récit qu'elle écrivit après la guerre pour relater le premier Noël de la France Libre. « *Et voici que la Fête de Noël prenait dans ce pays noir si passionnément attaché à la Patrie blessée, un sens profond et grave qui nous exaltait tous. Pour un jour, nous voulions chasser notre anxiété, consacrer toutes nos minutes à l'espoir. Avec quelle allégresse nous l'avons préparée, cette fête de Noël ! Chaque maison, de la plus riche à la plus humble, brillait de lumière et se paraît de fleurs… Un grand bal de nuit était prévu au Cercle, pavoisé aux couleurs des alliés… Avant l'ouverture du bal, le Gouverneur Général Éboué fut acclamé par l'assistance entière et la Marseillaise jaillit de toutes les poitrines, à la fois comme un défi aux vainqueurs du moment, et comme un coup de clairon qui galvanisait les combattants de demain…*

Nous avions unanimement décidé d'assister à la Messe de minuit qui symbolise le plus grand espoir humain… Tout Brazzaville était là, fraternellement mêlé : croyants et incroyants, blancs et noirs, fonctionnaires, missionnaires, industriels, militaires, commerçants. Et tous priaient, même les musulmans qui, ce faisant, savaient qu'ils ne trahissaient pas leur foi mais qu'ils exprimaient comme tout le monde leur confiance de

Français en un proche avenir meilleur. La messe fut dite par notre évêque Monseigneur Biéchy, un alsacien qui priait à la fois pour sa petite patrie et pour la grande... Les mêmes vœux ardents montaient de tous les cœurs en une oraison spontanée qui demandait la libération victorieuse de la France... Ah! l'étonnant concert, où les hautes voix féminines et le soprano aigu des enfants dominaient le timbre plus grave des hommes... Chacun de nous pensait à la France lointaine et si proche; à Londres aussi, d'où nous parvenaient chaque jour les encouragements et les mots d'ordre qui rendraient un jour possible cette résurrection... Moi je songeais aussi à mes enfants restés en France. Je savais que nos pensées se croisaient, identiques, pour abolir les distances en cette nuit de fête familiale... C'est ce soir-là, j'en suis sûre, que naquît vraiment l'Union française non pas comme une formule officielle, optimiste et majestueuse, mais comme une chaude et vivante réalité ».

Ces mots plus de quatre-vingts ans plus tard portent encore toute leur force, leur émotion et leur pouvoir fédérateur. Ils illustrent aussi le caractère et la détermination d'Eugénie. Elle est toute dévouée et tournée à la cause de la France Libre, à la lutte contre le totalitarisme et le racisme.

Durant toute cette période elle sera aux côtés de Félix pour l'accompagner aussi dans ses prises de position tant sur un plan administratif que politique qui permettent de gouverner l'AEF et de déterminer aussi ce que devra être selon eux la France de l'après-guerre. Ils sont convaincus que les relations entre la France et les populations des territoires de l'Empire doivent changer en profondeur. Les mots de Félix sur la situation sont autant ceux d'Eugénie comme ceux écrits le 8 Novembre 1941

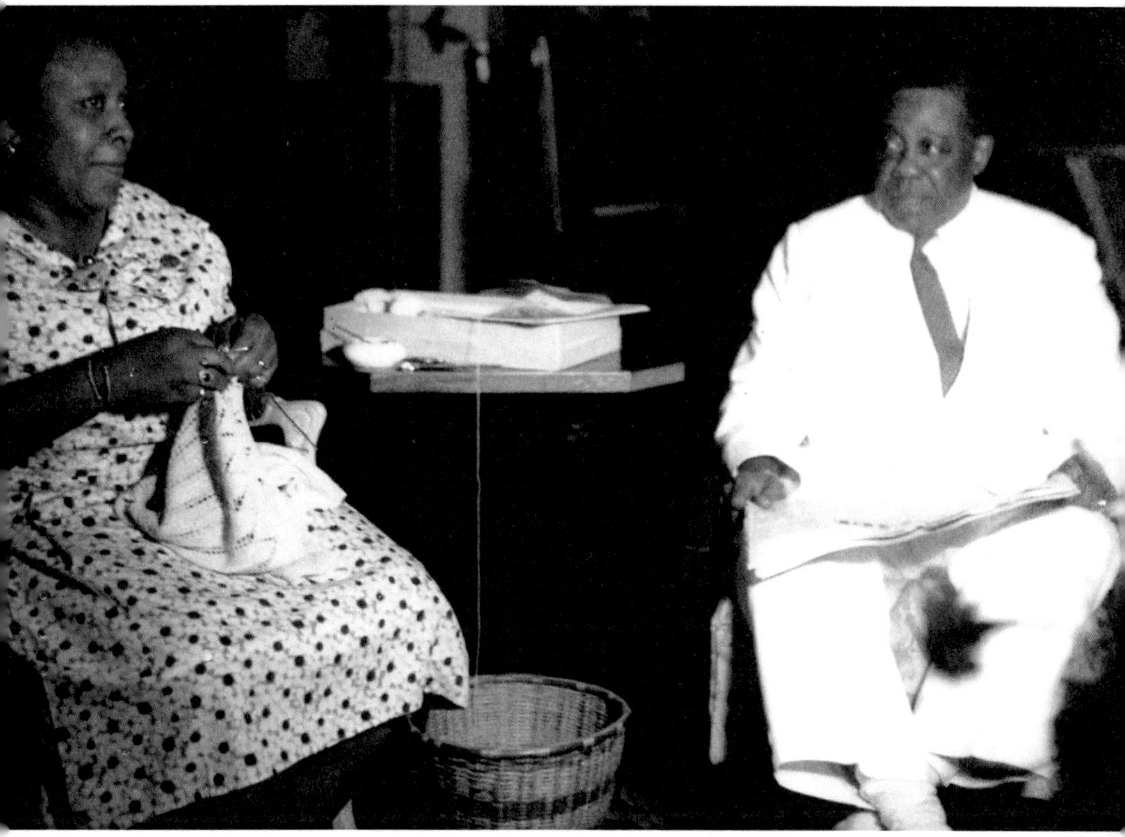

Félix et Eugénie, un couple presque normal qui incarne
la France Libre depuis Brazzaville.

dans une circulaire générale « *faire ou refaire une société, sinon à notre image, du moins selon nos habitudes mentales, c'est aller à un échec certain. L'indigène a un comportement, des lois, une patrie qui ne sont pas les nôtres. Nous ne ferons son bonheur, ni selon les principes de la Révolution Française, qui est notre révolution, ni en lui appliquant le Code Napoléon, qui est notre code, ni en substituant nos fonctionnaires à ses chefs, car nos fonctionnaires penseront pour lui mais non en lui… l'Afrique doit garder en le perfectionnant un droit Africain…* ».

C'est durant ces années qu'Eugénie va se forger une véritable conscience politique et des convictions qui seront le socle de ses engagements d'après-guerre. Elle ne pense pas au travers de Félix, elle pense avec lui, mutuellement durant de longues conversations ils enrichissent leurs réflexions et cherchent à mettre en application leurs croyances, ils vont s'attacher à faire ruisseler leurs idées et leurs principes au sein du gouvernement de la France Libre.

Eugénie à partir de décembre 1942, a réuni sa famille autour d'elle, les fils de Félix s'engagent dans la Résistance tandis que Ginette s'engage comme elle à corps perdu à l'hôpital aux côtés des blessés, Charles a déjà rejoint la Royal Air Force.

Elle cherche par tous les moyens à soulager Félix dans son quotidien, mais il s'épuise à la tâche. Il doit mener de front les approvisionnements des troupes, le développement économique du territoire, son action au sein du gouvernement de la France Libre. Il participe directement à un conflit mondial où les luttes d'influence au sein même de la France Libre sont importantes et où il doit sans cesse, malgré l'amitié et la confiance de de Gaulle, réaffirmer son autorité et ses choix. « *Monsieur le Gouverneur général, à la suite de mon inspection en Afrique Équatoriale Française, je tiens à vous dire, et je vous prie d'exprimer à tous les fonctionnaires et citoyens français, ainsi qu'aux populations africaines, toute ma satisfaction quant aux efforts déployés et aux résultats obtenus sous votre gouvernement général... Vous avez toute ma confiance et celle du Comité national pour poursuivre votre tâche comme vous l'avez si bien commencée...* » lui écrit le général de Gaulle en septembre 1942.

Si on parle souvent du rôle de la BBC dans la propagande de la France Libre, on a tendance a oublier celui que Félix a fait jouer à Radio Brazzaville dont les émissions ont rayonné sur tout le monde francophone et qui servira de relai de parole et d'information à tous les territoires de l'Empire. Félix présente ainsi Radio Brazzaville dans un texte en décembre 1943 : « *La Voix de la France, peut désormais, grâce au grand poste radiophonique de Brazzaville se faire entendre dans le monde avec le maximum de puissance et d'efficacité. J'ai, par ailleurs, rendu hommage aux ouvriers de cette belle œuvre française qui, à tous les échelons, ont bien travaillé pour la patrie. Et ce n'est pas sans raison que l'inauguration du Poste National Français a été fixé au 18 juin 1943, troisième anniversaire de l'appel historique lancé par le général de Gaulle qui précisément, a eu l'idée et la volonté de permettre à la France de se faire entendre très loin et très fort* ».

Eugénie et Félix, forts de leurs années passées en Afrique et aux Antilles, sentent que c'est le moment de tenter de faire évoluer le statut des colonies dans la France de l'après-guerre.

Pour eux aucun doute possible, la relation de la France aux populations de ces territoires doit changer en profondeur et aller vers une reconnaissance et vers une autonomisation (ils ne parlent pas d'indépendance). Les circulaires que Félix va faire publier entre 1942 et 1944 vont lui permettre d'affirmer et de mettre en place ces changements dans différents domaines : liberté du travail pour protéger la main-d'œuvre africaine ; le statut de « notables évolués » permettant d'accéder aux fonctions de conseillers municipaux ; la création d'unités autonomes, c'est-à-dire de communes locales qui pouvaient directement gérer les questions de maintien de l'ordre, de gestion de marchés et qui seraient consultées sur des questions relatives aux impôts, aux travaux...

Il poursuit sa mission d'autonomisation par la mise en place de traités sur la justice comme le relate Jean de La Roche « *le décret autorisait le gouverneur général de l'Afrique équatoriale à organiser des tribunaux purement africains... en matières civiles et commerciales, ces nouveaux tribunaux devaient être seuls compétents, à charge d'appel, en matière répressive, ils devaient également être seuls compétents dans leur ressort pour toutes les infractions prévues et réprimées par les coutumes africaines. Le décret du 13 mai était une victoire personnelle pour Félix Éboué...* ».

Parmi les autres grandes fiertés des Éboué, un budget de 40 millions de francs affectés au service de santé en 1944, contre 10 millions en 1939 et 50 millions de francs affectés au budget de l'éducation. Deux engagements essentiels qu'Eugénie reprendra comme fer de lance de ses mandats politiques à partir de 1945.

Ces combats laissent Félix exsangue, et son épuisement est de plus en plus visible, il est désormais atteint d'une surdité très invalidante. Les mises en garde d'Eugénie n'y font rien, Félix veut « *avoir l'immense joie d'assister à la libération du sol national* ».

L'année 1944, il le sait est un aboutissement du point de vue politique avec la tenue de la Conférence de Brazzaville qui se tient du 30 janvier au 8 février. Les photos de la conférence montrent un Félix épuisé, très en retrait durant ces journées qui sont présidées par le général de Gaulle.

Aidé par Eugénie, il a mis ses dernières forces pour donner un contenu fort à cette conférence qui réunit tous les gouverneurs et membres du gouvernement de la France Libre. Pour Eugénie et Félix, cette conférence doit préparer l'avenir des territoires et des populations de l'Empire. Probablement en raison de son manque de pugnacité physique, les avancées de la conférence sont en deçà de ses attentes, à nouveau de La Roche en fait une synthèse précise « *au total, la conférence de Brazzaville avait démontré qu'une unité de vue incontestable régnait dans le haut personnel administratif en faveur d'une révision profonde de la politique suivie jusqu'alors; elle demandait l'adoption de méthodes modernes et généreuses. Le respect des coutumes, la création d'assemblées africaines, une sévère sélection morale des européens admis en Afrique, l'accès des africains à tous les postes à égalité avec les Européens, une extension systématique et totale de l'enseignement, et la création d'industries locales…* » une grande différence se fera entre le principe et la réalité.

Mais Eugénie et Félix auront l'énorme plaisir de recevoir pendant la conférence la fille de celui qui incarnait à leurs yeux le symbole du respect et la valorisation des cultures d'Afrique,

Mademoiselle Savorgnan de Brazza. Elle était l'héritière de celui qui fut un modèle pour les Éboué, une personnalité qui passa sa vie à se battre contre les industriels avides de profits et d'exploitation des richesses africaines.

La Conférence achevée, Félix accepte enfin de prendre du repos et dès le 16 février il part avec Eugénie et Ginette pour l'Égypte. Là où Eugénie espère qu'il pourra se reposer. Il est accueilli sur tout le trajet comme un héros.

De conférences en entrevues les journées ne laissent que peu de place au repos. C'est lors d'une conférence qu'il donne au lycée français du Caire en avril sur le thème « De Brazza à de Gaulle » que Félix va prendre froid ce qui lui vaut d'être conduit à l'hôpital car son état est vite jugé alarmant.

Début mai l'espoir renaît et il peut sortir de l'hôpital, cela sera de courte durée car moins d'une semaine après il fait une rechute et doit être à nouveau hospitalisé où les médecins diagnostiquent une extrême fatigue générale. Malgré les soins et les attentions dont il bénéficie, son état de santé ne cesse de se dégrader.

Eugénie comme Ginette, qui sont à ses côtés, ne se sont jamais livrées à des confidences sur ses derniers instants et c'est Jean de La Roche qui le fera dans son livre publié en 1957. « *Le 15 mai, le Gouverneur Henri Laurentie arrive par avion. Le 16, le Gouverneur Général peut lui adresser quelques mots ; la journée est bonne, la nuit aussi. Le 17, on fait une troisième transfusion de sang. Vers deux heures de l'après-midi, l'agonie commence, il veut parler à sa femme, « trop tard » arrive-t-il seulement à dire, sans un geste, il attendit la mort. À six heures moins le quart, succombait le Gouverneur Général Éboué, Compagnon de la Libération, membre du Conseil de l'Empire* ».

Pour Eugénie le monde s'écroule, la vie n'a plus de sens, son Lix, son Amour n'est plus. Elle est seule avec Ginette, les fils de Félix sont chacun sur des terrains d'opération loin du Caire. Elle est emportée dans le tourbillon de l'organisation des obsèques qui sont nationales et grandioses. Les photos de la cérémonie montrent une église pleine à craquer drapée de noir où le cercueil recouvert du drapeau français repose sur un catafalque lui-même encadré par des drapeaux français et des montagnes de fleurs. Pendant que l'on enterre Félix au cimetière catholique du Caire, les hommages pleuvent du monde entier. Passé la sidération qui suit l'annonce de sa mort, c'est tout le continent africain qui mêle ses hommages à ceux de la Guyane, et des Antilles. Les hommages viennent aussi de tout le monde des alliés de la France, les gouvernements anglais et américain rendent un hommage unanime à l'œuvre et au rôle de Félix durant ces années de guerre. Mais la douleur est aussi celle de milliers d'individus anonymes ou célèbres qui adressent à Eugénie des messages de condoléances. De Marthe de Brazza, à Amadou Diop, chef des sénégalais en passant par la « conférence coton » ou encore l'Institut Pasteur, tous saluent son humanité, son écoute, son dévouement et son action durant toutes ces années au service des valeurs de la justice et du respect des hommes.

La lettre que de Gaulle adresse à Eugénie montre à quel point le général est touché et ce qui n'est pas fréquent chez lui il livre ses sentiments « … *à vous sa compagne, sa femme, la mère de ses enfants, je dirai simplement que Félix Éboué était mon ami, et rien ne pourra jamais faire oublier l'homme, le compagnon, le frère de combat qu'il fut à mes côtés dans la plus grande épreuve possible* ».

Parmi tous les messages reçus par Eugénie, je ne peux résister à publier ici un extrait de la lettre de condoléances adressée par le Vicaire Apostolique de Brazzaville le 5 juin 1944 « *N'ayant pas eu la consolation de rendre les derniers devoirs à ce grand colonial et ami sincère des missions, je tiens à faire cet acte public de reconnaissance et de gratitude, à la mémoire de celui avec qui j'ai travaillé dans un esprit d'étroite collaboration, dans une entente toujours cordiale. Le souvenir de sa bonté, de sa largeur d'esprit, restera dans la mémoire de tous les missionnaires de l'AEF. Que Dieu ait son âme si droite et si loyale* ».

La Guadeloupe ne sera pas en reste d'hommage grandiloquent avec un message qui sera lu dans le stade de Pointe à Pitre avant le match opposant l'équipe du Red Star à celle de Good Luck. « *L'Empire français est en deuil. C'est hier en effet que nous parvenait la douloureuse nouvelle de la mort du Gouverneur Général de l'Afrique Équatoriale Félix Éboué. Celui dont la disparition nous laisse aujourd'hui si affligés, ne fut pas seulement le plus sympathique et le plus populaire des anciens gouverneurs de la Guadeloupe, mais un grand français, un grand colonial et un grand sportif... Gouverneur Général Éboué, les sportifs de la Guadeloupe te disent : Adieu. Ils te promettent de cultiver et de mettre en pratique les qualités que tu leur recommandais : la tolérance, le respect des règles, l'esprit d'équipe, la solidarité* ».

Celui qui avait déclaré lorsque l'on parlait de la libération de la France « *tout ce que je demande c'est qu'on me donne un strapontin le jour du défilé sur les Champs-Élysées ; qu'on me laisse voir passer les troupes de l'Afrique Équatoriale sous l'Arc de Triomphe* » n'était plus là. Eugénie avait désormais une nouvelle vie à inventer et à écrire entre mémoire et mise en application de leurs idéaux dans ce monde qui se libérait, dans ce monde qu'il allait falloir reconstruire. La guerre mais aussi les actions menées par des personnalités comme Éboué ont fait naître de nombreux espoirs auprès des populations issues des outre-mer et de l'Empire, Eugénie va, avec d'autres femmes comme Jane Vialle devenir la porte-parole de ces idéaux et de ces aspirations.

Les femmes des îles

MADAME EBOUÉ, DÉPUTÉ DE LA GUADELOUPE

Mme Eboué arrive à la Chambre.

Mme Eboué, sa fille et son frère M. A.E. Whily-Tell.

MME EUGENIE EBOUE, député socialiste de la Guadeloupe, a été élue par 14.450 suffrages contre 9.000. Elle a battu un candidat communiste.

Les femmes de la Guadeloupe votaient, comme en France, pour la première fois. Les électrices de Mme Eboué, sont, dans l'ensemble, des femmes de couleur, mais il y a aussi des blanches, comme les femmes de la métropole; ces femmes des îles ont voté en masse. Elles ont d'ailleurs toujours beaucoup aimé la politique et ce sont vraiment elles qui ont assuré le succès d'une femme comme député.

Nous avons pu joindre Mme Eboué dans les couloirs de la Chambre.

— Voulez-vous nous parler de vos électrices ?

— Volontiers. Dans l'ensemble, elles ont une instruction assez développée, il y a très peu d'illettrées, sauf les très vieilles femmes. Beaucoup de femmes ont le certificat d'études. Elles sont arrivées à un degré d'instruction très semblable à celui que nous constatons dans la métropole.

La race est très fine, très intelligente. Beaucoup de femmes sont des travailleuses, assez peu sont uniquement des ménagères. Il y en a un grand nombre dans l'enseignement, dans les bureaux ; et beaucoup de travailleuses agricoles, dans de petites propriétés, s'occupent de la culture des bananes, de la canne à sucre, du café.

Au point de vue industriel, il y a des usines de rhum et de sucre ; avant la guerre, il y avait des fabriques de conserves, en particulier de tomates.

— Se ressent-on de la guerre, dans votre beau pays ?

— Naturellement, les femmes des îles ont souffert pendant les dernières années, mais dans l'ensemble la vie est beaucoup plus aimable que dans la métropole, ne serait-ce qu'à cause du climat tout à fait clément.

Mme Eboué est originaire de la Guyane, exactement de Cayenne, comme son mari le gouverneur général Eboué, le premier gaulliste de l'Empire. Mme Eboué s'est lancée dans l'arène politique pour rester fidèle au souvenir du gouverneur général Eboué qui a été à Fort-Lamy le premier résistant de l'Empire et qui est mort prématurément en mai 1944.

Mme Eboué est fort occupée, et nous devons prendre congé. Elle nous précise auparavant :

« Les Antilles sont très attachées à la France et assez avancées du point de vue social. La revendication essentielle des îles pour le moment, c'est l'amélioration des transports. Ce pays regorge de bananes, de sucre, de rhum et ne peut pas les transporter. Il demande aussi que l'on construise des écoles dans les villages. Il demande bien des choses encore. Tout ce qui intéresse les femmes en général s'adapte à mes électrices, mes chères amies des îles.

Après un séjour en France, au cours duquel elle s'est consacrée aux travaux parlementaires, Mme Eboué est repartie dans sa circonscription non sans avoir auparavant reçu des mains du général Legentilhomme la croix de la Légion d'honneur pour son héroïque conduite pendant la résistance.

PORTRAIT D'UNE MILITANTE

Après l'enterrement de Félix, Eugénie retourne à Brazzaville dans cette grande maison bien vide désormais où la voix de Félix et ses chants ne retentissent plus, où ses pas ne résonnent plus, une maison qu'elle ne veut plus occuper. Avec Ginette elle va tout mettre en caisse et rejoindre Alger où elle reste jusqu'en septembre 1944. Elle souhaite plus que tout rentrer chez elle, retrouver cette maison à Asnières où le souvenir de Félix et des années heureuses passées ensemble sont si présents. Elle y revient à l'automne mais elle n'a pas une seconde envisagé que la maison aurait été vidée à la suite de leur condamnation à mort par le gouvernement de Vichy.

C'est un nouveau choc, mais elle n'est pas femme à se laisser abattre, elle doit réinventer sa vie. Très vite elle sent qu'elle a une mission, un devoir : transformer leurs idées, leur vision du monde à venir en actions concrètes, en réalité au bénéfice du plus grand nombre. Elle explique très clairement dans une interview les raisons de son engagement en politique « *j'acceptai, prenant par-devers moi, l'engagement de continuer l'œuvre de mon cher mari* ». Reste à trouver le lieu où elle pourra être la plus efficace et la plus utile.

Ce monde de l'après-guerre change vite et il fait sauter certains verrous comme le droit de vote des femmes qui est enfin accordé par un décret signé par le général de Gaulle le 21 avril 1945. Eugénie va faire partie de ces pionnières en politique qui vont tout de suite s'engager, elle veut faire, elle veut agir, elle veut avancer aussi lorsque les élections municipales sont organisées en mai 1945, elle se présente dans un territoire qui est empli des souvenirs heureux avec Félix et où elle a déjà beaucoup agi à ses côtés, la Guadeloupe. Elle sera donc candidate sur une liste Parti radical de gauche sur la commune de Grand-Bourg de Marie Galante; non seulement elle est candidate mais elle est élue conseillère municipale. La distance avec Asnières ne lui permet pas d'agir beaucoup pour les habitants de la commune mais c'est une première étape, elle n'est plus aux yeux de la plupart seulement la femme de Félix Éboué, elle est engagée, elle est responsable de son destin.

Pour elle cette élection est aussi un hommage à l'œuvre de son mari, même si, ce qui est très rare pour l'époque, elle porte ses deux noms de famille, son nom de femme mariée et son nom de jeune fille.

La France est en pleine reconstruction y compris institutionnelle et il faut donc élire l'Assemblée Constituante qui aura, entre autres, mission de doter le pays de nouvelles institutions et d'une nouvelle constitution. Les partis de la gauche Guadeloupéenne viennent la solliciter pour qu'elle se présente à cette élection majeure. Son nom, elle le sait, est un marqueur fort pour une liste électorale mais le souvenir qu'elle a laissé sur le territoire est aussi un argument électoral important. Ce projet lui « *ramenait un peu de chaleur au cœur* » , « *... mon mari et moi conservions le projet de vous retrouver, mais hélas je suis revenue seule... devant la soudaineté et le désintéressement de la proposition, je demandai à réfléchir, il me fallut alors soutenir un combat intérieur devant les sentiments qui s'affrontaient, je devais en effet choisir entre les sollicitations dont j'avais été saisie et qui tendaient* *à faire de moi un représentant soit de la métropole même, soit d'une autre parcelle de la France d'Outre-mer. Cependant j'ai cru comprendre que le geste de ses amis guadeloupéens témoigne du respect et de l'admiration qu'ils ont gardés pour le Gouverneur général Félix Éboué... Que l'on m'excuse de faire ici un peu de sentiment en considérant que depuis mai 1944, je ne vis guère que de souvenirs* ».

Si elle est élue sous une étiquette socialiste, cela a peu d'importance à ses yeux, car son action elle veut l'inscrire dans une double fidélité ; à Félix et à Charles de Gaulle. Elle déclarera d'ailleurs quelques années plus tard en janvier 1948 « *je suis également attachée au socialisme et au général de Gaulle* ».

Le 21 octobre 1945, Eugénie avec 32 autres femmes est élue députée, elles deviennent le symbole de ce nouveau monde qui se construit. Jane Vialle et elle sont les deux seules femmes noires élues.

Comme le souligne Annette K. Joseph-Gabriel dans son ouvrage « Reimagining liberation: how Black women transformed citizenship in the French Empire » , elles font toutes les deux partie des voix les plus importantes des deux côtés de l'Atlantique pour mettre en lumière les questions de genre, de race et de citoyenneté. Elles incarnent le militantisme de ces causes tant en France qu'aux États-Unis. Il faut reconnaître que l'action menée par Félix aux Antilles comme en Afrique a été dès la fin de la guerre reconnue et encensée dans une certaine presse nord-américaine. Les articles après sa disparition mettent en avant ses actions visant à donner plus de reconnaissance et d'égalité aux populations de ces territoires. Il est vu comme une exception dans l'administration française mais dont l'œuvre est le point de départ d'une prise de conscience plus large. Il a ouvert une voie pour les populations et pour ses congénères qui peuvent occuper des postes à responsabilités dans l'administration, il leur a montré que c'était possible. Eugénie et Jane poursuivent dans ce sillage leur action politique et plus largement leur engagement sociétal.

Eugénie veut mettre en pratique son programme qui à ses yeux dépasse celui de la SFIO puisque c'est un programme de Société, « *l'accession du plus grand nombre possible d'hommes à l'instruction est une nécessité absolue. Tout le monde sera invité au festin du savoir, il sera donné à tout être humain de venir puiser au réservoir de la science au frontispice duquel chacun pourra lire cette inscription : libre accès, puisez* ». Au-delà de sa formation d'institutrice, c'est bien de son expérience vécue aux côtés de Félix qu'elle s'inspire pour rendre cet accès à tous à la culture. Dans une interview accordée au journal « La Femme Nouvelle », elle répond après son élection à une question sur le rôle que les femmes ont joué dans sa victoire « *Elles m'ont beaucoup aidée. Leur raisonnement est le suivant : nous connaissons cette candidate. Elle porte un nom que nous vénérons. Les hommes jusqu'ici n'ont pas apporté grand changement, essayons avec une femme, ce sera peut-être mieux. D'ailleurs à la Guadeloupe les femmes connaissent la politique, s'y intéressent. Comme en Corse, elles faisaient campagne autrefois pour les hommes. Elles sont donc averties des questions politiques* ».

Eugénie pour l'outremer comme Jane Vialle pour l'Afrique, veut doter ces territoires des mêmes infrastructures et droits que le territoire de l'hexagone. Elle revendique le droit d'y ouvrir des écoles en masse, de créer une faculté de médecine, d'améliorer les moyens de transport et l'accès aux soins les plus élémentaires. Sujets qui aujourd'hui encore sont d'actualité même si des progrès ont été faits depuis les années 50.

Eugénie n'est jamais une passionaria, elle est comme son amie Joséphine Baker une femme qui sait convaincre et qui sait mobiliser les énergies autour de ses projets. Malgré les oppositions elle réussit avec ses collègues femmes de cette première assemblée à inscrire la cause des femmes dans l'agenda gouvernemental. C'est une première, une petite victoire mais qui ouvrira un chemin qui ne pourra plus se refermer même s'il connaît encore des raidissements. Elle sera à l'origine par exemple avec Gilberte Brossolette en 1947 d'un projet de loi visant à augmenter l'assistance à apporter aux mères célibataires. Sa lutte pour l'égalité de traitement entre les femmes et les hommes elle la mènera également en dehors du Parlement en rejoignant le comité directeur de l'Alliance Internationale des femmes qui avait été créée en 1904. Pour aller plus loin elle crée en 1946 une association « Les Femmes de l'Union française » qui a pour but de valoriser l'action des femmes des Antilles et de fédérer les défenseuses des droits des femmes.

Au-delà des inégalités femmes hommes ce sont les inégalités humaines qu'Eugénie entend combattre activement. Elle fera de l'inégalité territoriale entre les Outre-mer et l'hexagone une priorité et sera à l'origine de l'extension des liaisons pour désenclaver ces territoires en mars 1949. Égalité de traitement face aux soins également avec en juillet 1949 la loi permettant l'extension de la sécurité sociale dans les outremers. Pour elle l'égalité entre les territoires passe par la mise en place des mêmes outils de fonctionnement locaux, c'est ainsi qu'elle défendra le principe d'établir des assemblées locales dans les territoires. Égalité aussi dans le traitement des anciens combattants, elle a vu les troupes africaines combattre dès juin 1940 aux côtés du général de Gaulle et ne peut se résigner à ce que leur statut soit différent de celui des anciens combattants de l'hexagone. En octobre 1946 elle prend la parole sur ce thème à l'Assemblée « *Il faut bien que chacun se pénètre du fait que ces noirs qui ont souffert, ces noirs qui ont donné leur sang pour que la France vive… doivent recevoir aujourd'hui la juste récompense qu'ils ont toujours espérée* ».

Comme l'explique la professeure Annette K. Joseph-Gabriel, les actions menées par Eugénie Éboué, Jane Vialle, les sœurs Nardal… ont ouvert la voie à Christiane Taubira mais aussi à Kamala Harris la vice-présidente des États-Unis.

Eugénie sait que son nom est un passeport pour faire entendre ses opinions et pour propager ses idées, elle sait parfaitement en jouer (ses rivaux politiques en feront une arme pour expliquer qu'elle n'a pas autre chose que ce nom à offrir à ses électeurs) et les médias, s'ils viennent la chercher pour cette raison, repartent toujours avec la certitude qu'Eugénie est une femme de convictions et d'engagements. Ainsi son interview dans « La Vie Heureuse » le 8 mai 1946, « *les Antilles sont très attachées à la France et assez avancées du point de vue social. La revendication essentielle des îles pour le moment c'est l'amélioration des transports. Ce pays regorge de bananes, de sucre, de rhum et ne peut pas les transporter. Il demande aussi que l'on construise des écoles dans les villages. Il demande bien des choses encore. Tout ce qui intéresse les femmes en général, s'adapte à mes électrices mes chères amies des îles…* ».

Eugénie va siéger à l'Assemblée Constituante en charge de rédiger la Constitution de la IVe République jusqu'en 1946 avant de rejoindre le Sénat où elle représentera la Guadeloupe jusqu'en 1952. De l'Assemblée au Sénat ses engagements sont les mêmes, ses combats sont identiques et son énergie pour les mener à bien est la même.

Ses déclarations et prises de paroles sont assez en ligne avec la SFIO, ce qui n'est en revanche pas le cas de sa fidélité sans faille au général de Gaulle. Elle sera sommée de choisir et quittera en 1947 la SFIO pour rejoindre le Rassemblement du Peuple Français, parti que crée le général de Gaulle en avril de cette même année.

Pour elle ces étiquettes ne sont pas très importantes et par-dessus tout il y a son héritage et la fidélité au contrat de la résistance et de la Conférence de Brazzaville. Concernant son appartenance à un parti, elle déclarera en 1948 « *j'estime que le Général de Gaulle est exactement dans la ligne du socialisme le plus élevé... J'ai la qualité de cœur et la qualité de fidélité... Je resterai fidèle au Général de Gaulle, je ne combattrai jamais le parti socialiste, mais je combats les hommes qui le composent* ». Comprenne qui voudra mais Eugénie est absolument sincère dans ses propos !

Durant ses premiers pas à l'Assemblée, elle va prendre une part active avec Gaston Monnerville (l'ami fidèle), Aimé Césaire et Raymond Vergès, entre autres, au vote du 19 mars 1946 qui fait de la Guadeloupe, de la Martinique, de la Guyane et de la Réunion, des départements français à part entière. C'est à cette occasion qu'elle prononce ces mots « *je me déclare naturellement du programme de la Résistance tant parce que mon mari fut le 1er résistant de l'empire que parce que les conceptions sociales de la Résistance me semblent les mieux adaptées au territoire que l'ai l'ambition de représenter. Il est en effet de saison de désigner sous le vocable de colonies des terres comme la Guadeloupe, française depuis 300 ans et dont les fils ont toujours donné généreusement leur sang pour la défense de la France. Ce sont en réalité de véritables départements français* ».

Son mandat de député va lui permettre de représenter la France à la Conférence des Indes Orientales qui se tient aux Îles Vierges en 1946, elle y aura un rôle prépondérant pour bloquer les ambitions hégémoniques des américains sur cette zone qui inclus les Caraïbes « *les Américains laissent voir leur volonté bien arrêtée d'orienter la Conférence vers des questions politiques. L'attitude des commissaires américains comme des délégués a clairement montré la volonté des États-Unis à pousser les territoires intéressés vers l'autonomie, puis vers une fédération. Cette position paraît d'ailleurs absolument conforme aux intérêts des États-Unis. Il est bien certain qu'une fédération antillaise, politiquement, financièrement et économiquement coupée des métropoles actuelles tomberait par la force des choses, dans l'orbite des États-Unis, qui auraient alors le contrôle complet des investissements des capitaux et, en conséquence, celui du commerce extérieur des pays intéressés* ». Eugénie parvient à imposer sa position et celle de la France, montrant ses qualités de négociatrice et sa fermeté devant des situations qu'elle juge injustes. Dans le même temps passant par les États-Unis pour rentrer en France elle ne manquera pas de rappeler dans une conférence de presse donnée à New York ce que la France devait aux États-Unis dans l'aide que la Croix Rouge américaine apporta à l'Afrique pendant la guerre. C'est ainsi qu'Eugénie est présentée dans le « New York Age » comme « *la première volontaire des forces hospitalières à Brazzaville, où elle consacra tout son temps à travailler à l'hôpital* », le journal se fait l'écho de ses propos « *nous avons utilisé tout ce que vous avez pu nous envoyer pour garder nos enfants et nos blessés vivants durant ces années et ça nous ne l'oublierons jamais, comme nous n'oublierons jamais le nom des traîtres qui ont servi le régime nazi et celui de Vichy* ». Ferme et juste voilà ce qui peut résumer Eugénie.

Avec Jane Vialle au sein du Sénat (qui sous la IVe République est appelé le Conseil de la République) Eugénie va se battre pour dénoncer les discriminations dont les sénateurs des Outre-mer sont victimes par rapport à leurs collègues de l'hexagone. Le 22 mai 1947 dans une motion commune elles dénoncent « *une volonté de discrimination entre les conseillers de la République de la Métropole et ceux d'Outre-mer* ». Ginette racontera que souvent lors de leurs arrivées dans l'hémicycle, les rumeurs simiesques et les appellations racistes circulaient plus ou moins à haute voix, mais il en faut plus pour que des femmes de cette trempe et ayant vécu ce qu'elles ont vécu se laissent aussi vulgairement déstabiliser.

Si elle ne fait pas mention directement dans ses propos ou ses déclarations d'acte de racisme à son égard il faut se replonger dans le contexte de l'après-guerre où la discrimination raciale est encore bien présente dans les esprits et dans les actes de certains tant en France qu'aux États-Unis.

Les « Mémoires » de Joséphine Baker qu'elle écrit avec Marcel Sauvage et publie à la fin des années 40 montrent à quel point il était difficile pour une femme noire d'ignorer la couleur de sa peau. Ce racisme est particulièrement présent aux États-Unis comme le relate Joséphine Baker à l'issue de son voyage en 1947 « *Ni Juifs, ni chiens, ni niggers... Est-ce ma faute si la formule, ces mots féroces que j'ai entendu répéter jusqu'à New York même et par d'honnêtes gens m'obsèdent ? Est-ce que nous sommes des punaises pour ces honnêtes américains ? est-ce que nous avons marché sur l'eau pour venir chez eux ? Est-il honorable à l'heure actuelle, dites-moi, qu'en Amérique – dans les villes des USA qui se flattent d'être à l'avant-garde pour tout le progrès –, à partir d'une certaine heure, le soir, les Juifs et les nègres ne puissent sortir de leurs maisons, qu'ils y soient relégués, comme des pestiférés, sous peine de représailles plus ou moins couvertes par des lois honteuses d'elles-mêmes* ».

Eugénie à cette époque-là est ce que l'on appelle aujourd'hui une *people*, ses actions sont relatées par les médias, ses faits et gestes sont scrutés de près et sa parole est relatée comme en témoigne cette interview dans le journal « La Vie Heureuse » en 1948, « *Une petite rue tranquille à Asnières. Une grille, une villa au fond d'un jardin. C'est là qu'il faut aller trouver Madame Eugénie Éboué, Conseiller de la République (sénatrice) de la Guadeloupe. La veuve du Gouverneur Éboué, qui, le premier dans la France d'Outre-Mer, rallia la France Libre et mourut au Caire en 1944, nous reçoit dans sa grande maison ornée d'objets exotiques. Tapis de haute laine, riches ivoires, somptueux ébènes, cuirs repoussés, cuivres travaillés. Nous ne cachons pas notre émerveillement. « Un grand nombre des objets que vous admirez, nous dit Madame Éboué, sont mon œuvre. J'ai beaucoup pratiqué la peinture, la pyrogravure, et dans l'ensemble les arts décoratifs. J'ai aussi fait beaucoup de musique. Mais, pour l'instant, ma vie ne me laisse plus assez de loisirs ». À quelle tâche vous consacrez-vous, dans le cadre du Conseil de la République ? « Vous comprenez aisément que mon activité essentiellement est donnée à l'Union française. Non pas seulement à la Guadeloupe dont je suis l'élue, mais à de nombreux autres pays où le Gouverneur Éboué a laissé un si profond souvenir et que je sers de mon mieux ». Vous avez sans doute beaucoup voyagé à travers l'Union française ? « Oui, à vrai dire, je ne suis heureuse qu'en voyage » Pouvez-vous me dire quel est votre plus beau souvenir de voyage ? « Je n'hésiterai pas une minute, nous répond Madame Éboué, dont le beau visage s'illumine. En 1939, dès le début des hostilités, mon mari est parti au Tchad en avion. De mon côté, j'ai fait le voyage par bateau et route, je n'oublierai jamais la traversée du désert ». Quels sont vos projets immédiats ? « M'occuper des femmes et des enfants de mon pays. L'éducation y est insuffisante. Il manque des écoles, des hôpitaux, des médecins, des assistantes sociales. Malgré un climat délicieux, il y a encore des maladies graves aux Antilles. La tuberculose y exerce ses ravages. Il faudrait la dépister. Mais que de choses il faudrait faire pour notre France d'Outre-Mer ! On peut d'ailleurs aider les populations indigènes, même à Paris, ajoute Madame Éboué ; et je m'y emploie comme présidente de l'Association des femmes de L'Union française. Cette association vient d'acquérir à Paris un immeuble qui sera consacré à accueillir les étudiants africains. Nous espérons bien aussi avoir une maison pour les étudiants malgaches. C'est surtout par la jeunesse intel-*

lectuelle que l'on peut accélérer la compréhension mutuelle entre la métropole et les pays lointains... ».

Cette *peopolisation* de la famille Éboué on va la retrouver lors du mariage de Ginette avec un jeune député Léopold Sédar Senghor. Senghor connaît les deux frères de Ginette depuis la guerre puisqu'ils étaient prisonniers ensemble et c'est lors de leurs conversations que Robert et Henry ont évoqué Ginette à Léopold qui aurait déclaré que s'ils s'en sortaient vivants il l'épouserait !

Si Charles entame une brillante carrière de pilote de ligne et ne reste que peut en France, Ginette s'installe à Paris et devient attachée parlementaire de Marius Moutet, élu de la Drôme, qui avait été ministre des colonies du gouvernement du Front Populaire et qui avait fait partie des 80 parlementaires à refuser de voter les pleins pouvoirs au Maréchal Pétain en 1939. C'est donc naturellement que Ginette avait trouvé un emploi auprès de cet homme fidèle à la mémoire de Éboué. C'est dans les couloirs de l'Assemblée que Ginette va croiser Léopold. Il est jeune député socialiste du Sénégal et de la Mauritanie. Il est brillant, très bon orateur, écrivain et poète de talent, ses années de formation à l'École Normale de la rue d'Ulm aux côtés entre autres de Georges Pompidou lui ont donné une solide culture et une conscience politique bien affirmée. Ginette est éblouie par cet homme brillant et aux idées proches des siennes et de son père. Il lui a même consacré un poème au moment de sa disparition « *... Ebou-é ! et tu es la pierre sur quoi se bâtit le temple et l'espoir. Et ton nom signifie la pierre et n'es plus Félix, je dis Pierre Éboué...* » Léopold de son côté voit en Ginette un accélérateur de notoriété même si ses sentiments sont sincères du moins au début de leur relation. Eugénie est beaucoup plus méfiante et ne cache pas, dès le départ, son antipathie à l'égard de Senghor. Malgré ses réticences, les fiançailles sont annoncées en 1945 et ne passent pas inaperçues, même le général de Gaulle y va de sa lettre de félicitations « *Chère madame, c'est avec une vraie joie que nous apprenons, ma femme et moi, la nouvelle des fiançailles de mademoiselle votre fille. Nous savons combien vous-mêmes en êtes heureuse. Tous mes vœux les plus sincères vont aux jeunes fiancés; bien que je ne connaisse pas M. Senghor, je sais qu'il est un homme de cœur et de grande valeur; tous ceux qui ont connu Félix Éboué et connaissent les services historiques que ce grand et noble français a rendu à la France se félicitent de voir sa pensée et son œuvre se continuer par ses enfants* ».

Le 15 septembre 1946, la mairie puis l'église du Perpétuel secours à Asnières sont pleines à craquer pour assister au mariage comme le relatent les actualités Gaumont. Politiques côtoient anciens combattants venus du monde entier, les journalistes sont très nombreux à couvrir l'événement tant la presse française que la presse internationale. C'est la femme de Georges Bidault alors président provisoire de la République qui représente le Gouvernement français avec Marius Moutet alors ministre des Outre-mer et des colonies et patron de Ginette... C'est l'Évènement de cette rentrée 1946. De cette union naîtront deux garçons Francis en 1947 et Guy en 1948 mais le couple divorcera avant de célébrer ses 10 ans de mariage.

Simon Njami dans sa biographie « C'était Léopold Sédar Senghor » raconte, « *Ce couple durera neuf ans. Très rapidement, sans doute, les deux époux s'aperçoivent de leur erreur. Trop de choses, malgré leur couleur de peau identique, les séparent. Senghor avec lequel j'ai abordé le sujet ne peut toujours pas évoquer sans une certaine amertume ces années de mariage. Sa belle-mère ne l'aimait pas. Elle aurait préféré, sans doute, que sa fille épousât un blanc ou, au pire, un autre Antillais comme elle, mais certainement pas un Africain, et elle ne manqua pas une occasion de le rappeler. Il s'avéra de plus que les aspirations profondes de Ginette étaient par trop éloignées de celles du futur président... En 1955, « à la suite d'une querelle de ménage », dit trop sobrement Senghor, Ginette Éboué demandera et obtiendra le divorce* ».

L'attitude de Senghor manquera encore d'élégance quand il demandera et obtiendra l'annulation de son mariage auprès du Saint-Siège, Ginette aura un sentiment de négation de la part de celui qui était le père de ses deux enfants et dont il fera bien peu de cas ne s'occupant que de très loin de leur éducation et ne se préoccupant pas de leur vie. Senghor déclarera quelques années plus tard « *Avec Ginette, c'était un mariage par devoir* », devoir politique ? devoir de mémoire ? devoir de satisfaire une ambition personnelle plus certainement.

Cette violence physique de Senghor sur Ginette laissera une marque profonde dans sa relation avec le couple Pompidou et plus particulièrement avec Claude Pompidou qui ne lui pardonnera jamais ses gestes de violence.

Mais revenons à la carrière politique d'Eugénie qui reste l'objet de toute son énergie. On peut, pour définir le sens de son action, reprendre cette intervention de Gaston Monnerville au Sénat en décembre 1945, qui interpelle le nouveau gouvernement sur sa politique à destination des colonies « *ce que nous appelons la politique du puits dont Madame Éboué-Tell a tracé les grandes lignes qui consiste d'abord à penser à l'élément de la colonisation ou des territoires d'Outre-mer: l'homme, à sauvegarder la santé de l'être humain, de façon à lui permettre de produire à la fois pour lui, pour le territoire dont il est originaire, et pour la métropole* ».

Elle est une infatigable militante politique fidèle à « son Général » aussi quand elle rejoint le RPF, André Malraux qui a remarqué sa force de persuasion et sa capacité à mobiliser toutes les énergies la fait élire Présidente de « L'Union privée pour l'aide à l'action nationale du générale de Gaulle » où l'on retrouve entre autres dans le bureau le général Catroux, Jeannine Alexandre-Debray, Paul Claudel ou encore Jacques Foccart. Cette association comme son nom l'indique est là, à côté du RPF pour soutenir l'action de de Gaulle, pour trouver des fonds... Pierre Lefranc dans ses Mémoires « Avec qui vous savez » décrit le rôle et le fonctionnement de cette structure « *Pour survivre, il nous fallut créer l'Union privée pour l'aide à l'action nationale du général de Gaulle qui émit des bons, qui lança la campagne du timbre, puis celle de la carte... En 1948 les résultats de la vente des timbres que les adhérents adressaient à Colombey, permirent de tenir dix-huit mois. La campagne de carte postale lancée en mai 1951, nous donna les moyens d'affronter honorablement les dépenses relatives aux élections législatives* ».

Elle sera félicitée aussi par Malraux pour son action qui permet de recueillir des fonds et de mobiliser les soutiens au général en métropole mais surtout dans les territoires d'Outre-mer où le nom de Éboué reste un formidable sésame.

Eugénie est aussi une infatigable militante de la mémoire de son Lix. Elle parcourt la France et le monde pour inaugurer les monuments, plaques, rues qui portent le nom de Félix Éboué. On la retrouve en mai 1947 aux côtés du général de Gaulle à Bordeaux. C'est à cette occasion que de Gaulle prononcera un vibrant hommage à l'action de Félix et par conséquent à celle qui était à ses côtés durant ces années : « *Mais il fallait que Félix Éboué, chef responsable, sût tirer de son esprit et de son cœur l'acte de caractère sans lequel tout ne vaut rien et qui s'appelle la décision. Il l'a fait. C'est par là qu'il a marqué l'Histoire. Ensuite, ce fut pour lui un effort acharné de direction, d'impulsion, d'organisation, pendant près de quatre années et jusqu'à l'instant même où l'épuisement le terrassa, sans qu'il ait pu voir cette victoire dont il n'avait jamais douté. Le gouverneur du Tchad, bientôt gouverneur général de l'Afrique-Équatoriale française, avait à mobiliser et à faire vivre pour la guerre les territoires confiés à son autorité. Il le fit d'une manière exemplaire. Mais, en outre, ce Français guyanais, tourné vers l'avenir, bien qu'il sût qu'il lui était fermé, prenait une part éminente à l'élaboration des projets par lesquels, au milieu des péripéties de la lutte, la France combattante préparait le sort futur de l'empire. On vit, en particulier, lors des travaux de la conférence de Brazzaville, jusqu'où pouvaient s'élever chez Félix Éboué le sens de l'humain, l'expérience pratique et, par-dessus tout, la foi dans la mission de la France* ». Puis c'est à Paris où la place Daumesnil devient en 1947 la place Félix Éboué qu'Eugénie apparaît sur les photos des reportages de l'époque.

En septembre 1948, elle participe au vote du parlement qui entérine le transfert des cendres de Félix Éboué au Panthéon en même temps que celles de Victor Schœlcher. La cérémonie est grandiose et se tient le 20 mai 1949, Félix est le premier homme noir à entrer au Panthéon. Gaston Monnerville qui est président du Sénat dans son discours déclarera « *c'est un message d'humanité qui a guidé Félix Éboué, et nous tous, Résistants d'Outre-mer, à l'heure où le fanatisme bestial menaçait d'éteindre les lumières de l'esprit et où, avec la France, risquait de sombrer la liberté.* » C'est lors de cette cérémonie où Schœlcher sera inhumé au Panthéon aux côtés de son père, qu'Eugénie exprimera le souhait qu'elle aussi, plus tard, puisse reposer aux côtés de son Félix. Une proposition de loi sera même examinée en ce sens en 1987.

En 1957 ce sera le tour de Brazzaville d'inaugurer une statue monumentale à la mémoire de Félix on y voit sur les photos une Eugénie heureuse de revenir dans cette ville, chaussée de lunettes de soleil et arborant toujours la croix de Lorraine en or que lui avait offert le général de Gaulle. 1957, c'est aussi l'année où la Guyane terre de naissance de Félix et d'Eugénie va rendre hommage au Gouverneur général de la France Libre en inaugurant une statue sur la place des Palmistes à Cayenne. Eugénie est très active dans ces commémorations comme en témoigne cette lettre que le général de Gaulle lui adresse en septembre 1954 « *oui c'est une belle et noble idée que vous avez de graver la pensée de Malraux sur le monument de Félix Éboué. J'écris aujourd'hui à André Malraux...* », et trois ans plus tard sur la statue de Cayenne on peut lire « *Étranger, va dire à Lacédémone que ceux qui sont morts ici sont tombés sous sa loi. Passant, va dire aux Enfants de notre Pays : De ce qui fut le visage désespéré de la France, les yeux de l'homme qui repose ici, n'ont jamais reflété que les traits du courage et de la liberté* ».

Ses combats pour l'égalité de traitement des enfants ne cessent de la mobiliser, le point d'orgue de cet engagement sera la loi qu'elle fera voter en 1951. C'est un combat qu'elle mène avec Jane Vialle comme le rappelle la professeure Annette K. Joseph-Gabriel « *A partir de 1947, elles travaillèrent ensemble sur une proposition de loi pour donner à ces enfants les mêmes droits que les enfants nés en France métropolitaine. Elles ont lutté pour que ces enfants métis aient la possibilité d'effectuer une recherche de paternité. Les pères français, absents, pouvaient être contraints par la loi à leur verser une pension pour soutenir leur éducation. Après une féroce bataille de quatre ans, cette proposition de loi relative à la recherche de paternité dans les territoires d'Outre-mer est devenue une réalité* ».

En 1952, son mandat touche à sa fin en Guadeloupe et Eugénie se laisse tenter pour se présenter dans sa « *petite patrie* », la Guyane. Son bilan d'élue de Guadeloupe est à son image protéiforme, elle y a remporté des victoires aussi diverses que la départementalisation, le maintien de la Cour d'Appel en Guadeloupe, la création d'écoles, de centres de soin, le déploiement de liaisons aériennes et routières. Cette élection sera l'occasion de tractations avec les élus locaux (l'élection du Sénat se fait par un collège des grands électeurs) qu'Eugénie ne va pas assez prendre en compte. En mars 1952 elle annonce en ces termes sa candidature « *Après entente avec le Général et Gaumont (homme politique guyanais), j'ai décidé de ne pas prendre d'étiquette politique. Sans vanité, je pense que mon nom me permettra de réaliser cette union indispensable pour le bien-être et la prospérité de mon petit pays. J'ai représenté la Guadeloupe depuis 1945 quand une délégation est venue me demander d'être son élue. La Martinique a beaucoup regretté de s'être laissé devancer et voilà que la patrie de Félix Éboué et de sa femme se réveille aujourd'hui. Je laisse la Guadeloupe avec regret, car je me suis fait là de nombreux amis sincères et fidèles, mais ils comprendront que l'amour que je garde à mon berceau soit plus fort que tout. Je ne puis écrire à tous ceux que je voudrais prévenir dès maintenant et je vous laisse le soin de toucher le plus grand nombre possible de sympathisants. Je vous aviserai en temps utile de la date de mon arrivée* ».

Eugénie va pêcher par excès de confiance certaine que son nom seul va suffire à son élection, elle écrit en mars 1952 à l'un de ses amis en Guyane qu'elle n'envisage pas une seconde autre chose que sa victoire « *S'il devait en être autrement, je craindrais seulement que, du fond de sa tombe, Lix ne révise son jugement sur ses frères... Tu as raison nul n'est prophète en son pays, et il serait vraiment curieux, aux yeux de tous, que les guyanais qui ont conduit le grand Éboué au Panthéon, infligent à sa femme la plus cinglante des défaites dans leur propre pays* ».

Le climat politique local va se tendre et les élus sortants ne vont pas faire de cadeaux à Eugénie lui réfutant son nom comme seul argument électoral comme le fera le sénateur Patient dans une lettre adressée aux grands électeurs « *Le temps des miracles est passé. La réussite commerciale, industrielle ou littéraire ne préfigure pas forcément le succès parlementaire et le seul prestige d'un nom quelque grand soit-il, ne saurait suppléer à la connaissance profonde de la Guyane, de ses besoins, et des moyens de les satisfaire. La Guyane est une contrée totalement différente des*

Eugénie participe à une conférence sur l'enfance et la santé,
Brazzaville, 1962.

autres territoires de l'Union française, l'expérience acquise par un département voisin peut ne pas être profitable à notre pays ».

Eugénie est une combattante elle va donc répondre point par point lors d'une réunion où devant les grands électeurs elle va préciser son programme et ses ambitions pour « sa » Guyane. « *Fille et épouse de Guyanais, guyanaise jusque dans les moindres fibres de mon être, j'ai toujours emporté avec moi le souvenir des paysages et des visages qu'aujourd'hui je revois...* » Elle va se livrer à un vibrant plaidoyer pour justifier sa candidature que certains jugent tardive et qui considèrent qu'elle a trahi sa terre en allant d'abord se faire élire par les Antilles. Elle ne veut pas être seulement un nom et elle veut démontrer qu'elle a pris une part active dans l'œuvre de son mari. « *Naturellement associée à l'œuvre administrative et politique du Gouverneur Général Éboué, initiée, par la force des choses, aux disciplines des rouages administratifs et des milieux politiques, appelée par l'exercice des mandats qui m'ont été successivement confiés, à œuvrer sur le plan parlementaire pour le bien-être des courageuses populations de nos territoires et départements d'Outre-mer, je réponds volontiers à l'appel que beaucoup d'entre vous m'ont adressé et Guyanaise avant tout, je viens me mettre à la disposition des Guyanais et de la Guyane* ».

Elle présente un programme politique clair et ambitieux pour son territoire, très proche de ce qu'elle a pu réaliser en Guadeloupe. « *Depuis la loi de 1946, le régime colonial a fait place au régime départemental. Il est possible que cette évolution confère sur le plan international des garanties nécessaires. Mais il est évident que l'application intégrale des méthodes d'administrations départementales à l'ancienne colonie de la Guyane ne peut nous apporter que mécomptes et désavantages. Il convient d'adapter ces méthodes aux besoins locaux... Je m'engage fermement à demander aux pouvoirs publics que, dans le cadre du statut départemental, des mesures appropriées soient prises pour éviter que notre nouveau département ne souffre des inconvénients de l'assimilation administrative sans en connaître les avantages. De même l'autonomie judiciaire sera l'un de nos objectifs pour éviter que le plaideur guyanais ne subisse plus longtemps les inconvénients de la sujétion à la Cour d'Appel de la Martinique. En ce qui concerne l'action sociale, nous n'admettons pas, par exemple, que les obligations de la sécurité sociale nous soient imposées sans que soient garanties les prestations attachées. Sur le plan économique, nous veillerons à ce que le marasme soit attaqué dans ses causes réelles à savoir : le manque de main-d'œuvre, le défaut des moyens financiers, l'absence d'un plan de mise en valeur, et surtout, l'insuffisance des moyens de communication* ». La conclusion de cette réunion est un vibrant appel aux votes des grands électeurs « *L'expérience que plusieurs années de vie politique m'ont permis d'acquérir, m'autorise à me faire entendre utilement. Cette expérience, mes Amis et chers compatriotes, disposez-en. Elle vous appartient. Ensemble, d'un même cœur travaillons au relèvement de la Guyane, c'est-à-dire d'une partie de la France entière. Que chacun d'entre nous, là où le sort l'a placé, coopère à l'œuvre commune afin que Vive la France, Vive la République, Vive la Guyane* ».

Ses mots, son énergie et son nom n'y feront rien et peut-être que Félix s'est retourné dans sa tombe mais Eugénie a été battue

Charles est reçu dans l'Ordre de la Légion d'Honneur, 1960.

par Auguste Baudinot candidat du « rassemblement des gauches républicaines ».

Le choc est rude pour elle qui y voit une trahison et une ingratitude vis-à-vis de Félix et de son action, mais aussi une manœuvre des partis politiques locaux qui l'ont considérée comme une parachutée.

Passé le choc elle reprend le combat et consacre son temps aux actions sociales particulièrement dans les Outre-mer et dans les territoires de l'empire colonial. Elle rejoint à partir de 1952 et jusqu'à l'avènement de la Ve République en 1958 l'Union française. L'union française a été créée par la IVe République pour gérer de façon plus cohérente les territoires d'Outre-mer et les colonies. Elle en sera la vice-présidente entre 1952 et 1953. C'est au sein de l'union qu'elle va multiplier les voyages en Afrique les déclarations et les alertes sur la situation sociale et éducative sur le continent. Elle participe en 1952 à une conférence à Brazzaville avec le célèbre Professeur en pédiatrie, Robert Debré où elle déclare « *dans le domaine purement de l'enfance, on est tout de même arrivé à admettre, à peu près partout aujourd'hui, qu'il n'y a pas de différence fondamentale entre l'enfant africain de race noire et l'enfant métropolitain de peau blanche... Je suis certaine que le jour où il y aura assez de maîtres et de locaux en brousse l'intelligence du petit Africain laissera jaillir des richesses jusqu'ici insoupçonnées... Nous sommes loin de l'époque heureuse des clans primitifs où l'organisation du travail était conçue de telle sorte que tout ce qui était pénible ou dangereux incombait exclusivement à l'homme noir... Il n'est ni possible ni souhaitable de transposer dans un pays, l'expérience acquise ailleurs... Il faudra des méthodes nouvelles adaptées aux conditions de vie de l'Africain... Nous ne devrions jamais perdre de vue que le cœur commande tout. Lyautey ne disait-il pas « on ne fera rien sans une parcelle d'amour ». Tous ceux qui, comme lui, ont appliqué ce principe, ont réussi dans leur tâche parce qu'ils ont su gagner les cœurs. Et en Afrique plus qu'ailleurs cela a toujours été vrai ».*

Michel Maurice Bokanowsky, résistant de la première heure cherche à constituer sa liste en vue des élections municipales de 1959, il se tourne vers Eugénie qui est toujours résidente à Asnières et qui accepte de se lancer à ses côtés dans ce nouveau combat. Elle a besoin de l'adrénaline de l'action et des réunions publiques, elle a besoin de voir si son nom est encore capable de fédérer et de réunir des populations. C'est à un nouvel exercice qu'elle se livre car cette fois elle ne se présente pas sur des terres où elle est née ou des terres où elle et Félix ont pu exercer une fonction. Il faut convaincre, il faut aller chercher les électeurs, certes elle n'est pas tête de liste mais ses colistiers sentent que son nom peut avoir une influence sur le résultat final. Pari gagné elle est élue conseillère municipale en 1959, son premier mandat dans l'hexagone. En tant que conseillère municipale elle va se consacrer aux actions sociales de la ville mais aussi à l'enseignement du sport pour les plus jeunes, toujours fidèle aux convictions de Félix. Pour elle l'action sociale doit occuper une place de premier plan dans la vie politique y compris localement.

La ville d'Asnières qui a baptisé une rue à son nom lui doit beaucoup plus que ce que la mémoire collective a conservé.

C'est à Eugénie que l'on doit le développement du CCAS (centre communal d'action social) elle sera membre du bureau d'aide social, s'occupera plus particulièrement de la protection maternelle et infantile, elle retrouve ses combats de prédilection l'égalité et la justice pour les plus faibles. Asnières lui doit aussi la construction de la piscine municipale qu'elle fait voter dès la première année de son mandat. Elle sera également membre de la commission sport, famille et jeunesse et c'est ainsi qu'elle fera voter en avril 1965 une délibération qui donne le nom de Félix Éboué au stade municipal nouvellement construit dans le quartier des Grésillons. Eugénie pense que pour qu'une politique sociale soit sérieuse et efficace il lui faut des infrastructures accessibles à tous et donc des moyens. Elle ne réussira pas toujours à convaincre le maire et la majorité municipale, qui dans les années 60, comme de nombreuses villes de la banlieue parisienne, portera ses investissements davantage vers la construction et le développement des logements.

L'année de son élection à la mairie, Eugénie devient membre du Conseil Économique et Social (depuis CESE) où elle va siéger dans la section des activités sociales jusqu'en 1962. Avec ce mandat au sein du Conseil Économique, elle devient et est toujours aujourd'hui la seule femme à avoir siégé dans les trois assemblées de notre République.

Eugénie est une femme usée par ses années en Afrique, par ses années de lutte durant la guerre, par le chagrin de la perte de son Félix et par l'échec du mariage de Ginette.

En ces années emplies de nostalgie, elle a la satisfaction de voir que les principes éducatifs qu'ils ont donnés à Ginette ont porté leurs fruits. Après avoir été attachée parlementaire, Ginette entre à l'UNESCO en 1961 où elle sera responsable de l'aide aux mouvements de libération nationale et de lutte contre l'apartheid en Afrique. Elle a directement participé à la coordination de l'aide culturelle et éducative au Congo après son indépendance. Elle publie régulièrement dans les revues de l'UNESCO et son action est saluée par de nombreux politiques africains qui voient en elle la digne héritière des idéaux de ses parents. Elle est aux côtés de sa mère la gardienne de la mémoire de son père, parcourant la France et les Outre-mer pour y prendre la parole et partager ses souvenirs de ses parents et de leurs actions. Elle continuera après la disparation d'Eugénie et ne manquera jamais dans ses conférences sur Félix Éboué de rappeler le rôle que sa mère joua à ses côtés.

Charles de son côté après sa participation brillante à la guerre au sein de la RAF rejoint l'aviation civile en 1947 et sera longtemps présenté par les journaux comme « le seul commandant de bord de couleur de l'aviation civile ». Il assura ses liaisons partout dans le monde sauf en Afrique du Sud en raison de l'apartheid. Après avoir volé pour la compagnie Aigle Azur dans les cieux indochinois, il rejoint les lignes d'UTA dans le Pacifique où il deviendra le directeur de l'escale de Tahiti assurant ainsi la liaison vers Nouméa. C'est comme cela que sans le savoir, je fut dans mon enfance transporté par le fils d'Eugénie et de Félix lors de mes trajets entre Papeete et l'aéroport de la Tontouta en Nouvelle Calédonie.

Eugénie, jusqu'à la fin, consacrera son énergie à faire vivre l'œuvre de Félix mais aussi à promouvoir l'engagement de ses enfants et ne sera jamais insensible aux décorations qui pourront lui être remises. En mai 1960 elle écrit au général de Gaulle pour lui annoncer que son fils « Charlot » a été reçu dans l'ordre de la Légion d'Honneur et Eugénie qui ose toujours lui fait la demande suivante très simplement « *Cher Général... Je suppose que vos occupations ne vous permettront pas de nous faire l'honneur d'assister à cette cérémonie, mais vous sera-t-il peut-être possible de vous faire représenter. Je serais personnellement comblée si Madame de Gaulle nous honorait* ».

En 1962, le général de Gaulle Président de la République lui remet la cravate de commandeur de la Légion d'Honneur. La photo qui immortalise ce moment est fantastique. On y voit un Charles de Gaulle dominant d'une demi-taille une Eugénie qui ferme les yeux de bonheur en recevant cette reconnaissance de la République. On la sent sur cette photo, gourmande de plaisir à pouvoir ainsi être reconnue par ce général et par ce pays qu'elle aime tant. Sa petite fille Véronique présente à la cérémonie racontera « *Ma grand-mère a déclaré « Mes enfants c'est un jour historique ». Elle était vraiment très fière de recevoir cette décoration du Général* ».

À la fin de sa vie elle aura reçu un nombre impressionnant de décorations. On peut entre-autres citer la croix de guerre 1939/45, la médaille de la Résistance française avec rosette, elle est aussi officier de l'ordre des Palmes Académiques et commandeur de l'ordre national du Tchad et du mérite national Côte d'Ivoire.

Eugénie reçoit des mains du Général de Gaulle
la Cravatte de la Légion d'Honneur, 1962.

Sachant trop bien les effets désastreux des divisions, elle estime que l'intérêt supérieur doit primer sur toutes les querelles individuelles et sur les postures partisanes. Ainsi lors du conseil municipal qui marque sa réélection sur la liste Bokanowsky le 19 mars 1965, elle prend la parole et laisse, sinon une sorte de testament politique, du moins un discours qui marque les esprits et devrait aujourd'hui encore être mis en avant : « *Laissez votre doyenne qui, en 1940, a vu naître et grandir sous le signe de la France Libre l'union fraternelle de tous les français rassemblés sous le même drapeau, pour une même patrie, vous dire qu'avec l'union tout est possible. On construit dans la Concorde, on détruit dans la discorde... Servir Asnières c'est servir la France... Cette équipe d'hommes et de femmes saura garder l'esprit d'union qui nous anime et j'en suis sûre, le désir de se dévouer et de servir... La diversité de nos opinions sur tels détails ou tels moyens ne sera jamais une source de division quant aux buts que nous voulons atteindre.* »

Souffrant d'arthrose, elle a de plus en plus de difficultés à se déplacer et limite ses apparitions en public. Elle ne se plaint jamais. À aucun moment elle ne manifeste l'envie de laisser des mémoires qui raconteraient de sa propre main sa vie, ses engagements ni sa vision sur l'histoire du XXe siècle dont elle est un témoin de premier plan. Elle reste méditative sur sa vie et sur ce monde qui change si vite, entretenant en revanche une très nombreuse correspondance avec ses plus ou moins proches pour demander une aide pour tel ou tel, pour protester contre le mauvais traitement à la mémoire de Félix dans telle ville. Râler la maintient en éveil et en action.

Les années 70 sont des années tristes pour elle qui voit la disparition du général de Gaulle, et celle de nombreux autres compagnons de route et de combats. La mort brutale d'Henry le fils de Félix qu'Eugénie avait élevé va la briser de chagrin.

À 80 ans elle se casse le col du fémur et c'est lors de son opération qu'on lui diagnostique un cancer très avancé. Elle va faire des allers-retours épuisants entre son domicile et l'hôpital de Pontoise. Elle y reçoit des visites et des lettres qui lui remontent le moral comme celle d'Yvonne de Gaulle « *Chère Madame, Votre fille m'avait appris votre opération. Je vois que vous avez pu rejoindre votre logis et que vous allez mieux puisque vous écrivez vous-même. Je forme donc des vœux pour que votre convalescence soit aussi rapide que possible...* »

Elle est épuisée et sent qu'elle ne gagnera pas ce combat-là et que sa résistance est vaine. Elle souhaite pouvoir retrouver son Félix et enfin se reposer. Sa vie n'aura été qu'une vie d'actions, de mouvements, de luttes et d'engagements pour les autres.

Elle s'éteint le 23 novembre 1972 à l'hôpital de Pontoise entourée des siens. Elle aurait souhaité que sa messe d'enterrement puisse avoir lieu en l'église Saint Louis des Invalides mais à cette époque-là, seuls les généraux et les morts pour la France y ont droit. C'est donc en l'église Saint-François-Xavier dans le 7e arrondissement que ses funérailles ont lieu. La France des Compagnons de la Libération est présente au premier rang comme la France gaulliste aux côtés de l'amiral Philippe de Gaulle, on y retrouve de nombreux anciens ministres tels que

Maurice Couve de Murville, Gaston Palewski, René Pleven, mais aussi bien-sûr l'ami fidèle Gaston Monnerville et de nombreux représentants de la France ultramarine qui se retrouvent aux côtés des délégations étrangères. Elle qui aime les honneurs aurait apprécié cette cérémonie à la fois solennelle et populaire comme en témoignent les photos réalisées par les journalistes qui couvrent cet événement qui marque la fin d'une époque. Alors que son souhait était d'être enterré avec Félix au Panthéon elle est inhumée au cimetière de Pantin.

Eugénie Éboué-Tell fut une femme de convictions et d'audaces, elle sut imposer dans un monde d'hommes ses points de vue et dans un monde dominé par la métropole faire émerger la voix des Outre-mer. Elle sut être un exemple de liberté pour de nouvelles générations de femmes. Elle a été un être de passions, passions sentimentales, passions politiques, passions combattantes, passions pour l'humain et pour ses diversités.

En terminant ce portrait, j'espère avoir participé à faire découvrir une source d'inspiration pour les jeunes générations.

En juillet 2018 la romancière américaine Lauren Elkin publiait une tribune dans « Le Monde » intitulée « *Il est temps que les femmes réclament leur juste représentation dans l'espace public* ». Dans ce texte elle met en avant le fait que la statuaire publique en dehors de quelques exceptions (Jeanne d'Arc, Dalida...) ne met pas souvent en avant les femmes. « *Donner de la visibilité aux femmes et aux minorités à travers l'art public pourrait être bénéfique, pour les jeunes en particulier, en leur offrant des modèles à suivre. On devrait faire beaucoup plus de place aux femmes, en mettant en avant, par exemple, des femmes de couleur, qui ont joué un rôle important et pourtant méconnu dans l'histoire de France.*

Pourquoi ne pas consacrer une statue à Eugénie Éboué, la première femme noire élue au Conseil de la République ? Il n'y a pour le moment qu'un cul-de-sac dans le 12ᵉ arrondissement qui porte son nom... ». Une statue d'Eugénie Éboué-Tell, souriante qui accueillerait avec bienveillance les oiseaux comme les passants qui voudraient se protéger à son ombre en cas de fort soleil. Pourquoi pas ?

En attendant laissons à « La Revue de la France Libre », les derniers mots au travers de l'article de Djylena Jacir qui fut publié au début de l'année 1973 : « *Cette femme exceptionnelle nous a quittés à la suite d'une très longue et très douloureuse maladie, nous laissant encore une fois l'exemple de son grand courage... Celle qui a toujours vécu pour élargir l'horizon, pour que les divers pays francophones et la France œuvrent ensemble, fraternellement unis pour une paix dans la justice et la liberté n'est plus... Eugénie Éboué a rejoint les disparus de la grande épopée de la France Libre. Elle est près de son mari, près de ses frères d'armes. Elle laisse parmi nous l'immense affirmation de la volonté qui passe tous les obstacles pour défendre et maintenir le respect de l'être humain* ».

Tous mes vifs remerciements
à Marie-Françoise Éboué pour son soutien et sa confiance,
à Marie Christine Ponamalé pour ses précieuses connaissances
des Outre-mer,
à Thierry Laval pour son généreux talent.
À Mémona Hintermann Afejee, Jean-Claude Degras, Joël Destom,
Christian Guémy alias C215, Alexandre Jardin, Alain Malraux,
Annick Leroy, Ziad Gébran, Catherine Vautrin Pennaforte
et Valérie Tiacoh
pour leur engagement afin qu'Eugénie puisse rejoindre
son Lix au Panthéon,
enfin merci à Martine, Constance, Jacques et Nicolas
de me soutenir dans mes idées et combats parfois bizarres
mais toujours sincères.

Casaglione le 17 avril 2023

Portrait réalisé par C215 (alias Christian Guémey)
pour la panthéonisation d'Eugénie.

BIBLIOGRAPHIE

Eugénie Éboué, Histoire d'une passion, Jean-Claude Degras, Rymanay éditions, 2015.

Félix Éboué et Eugénie Éboué, Georges Renauld, Detrad éditeur, 2008.

Je suis un civilisé, Whily Tell, Lancry, 1953.

Reimagining Liberation, Annette K. Joseph-Gabriel, University of Illinois Press, 2019.

Le Gouverneur Général Félix Éboué, Jean de La Roche, 1957.

Félix Éboué, Elie Castor et Raymond Tarcy, L'Harmatan, 1984.

Félix Éboué, Arlette Capdepuy, Karthala, 2015.

Le Gouverneur Général Félix Éboué, Ulrich Sophie, Larose éditeur, 1950.

DU MÊME AUTEUR

La Chevauchée de la Vache Qui Rit, éditions Hoebeke, 1991.
Villemot l'Affiche de A à Z, éditions Hoebeke, 2005.
Nés en Corse, éditions les Immortelles, 2014.
Recettes avec Le Parfait, éditions Hoebeke, 2017.
Osez les Conversations, éditions Eyrolles, 2017.
Charles de Gaulle l'Homme qui disait non, éditions Lire c'est Partir, 2017.
Quand le mépris devient la règle, éditions de l'Aube, 2021.
André Malraux, l'homme qui osait ses rêves, éditions Baker Street, 2023.

EUGÉNIE ÉBOUÉ
Portraits d'une combattante
de Guillaume villemot
a été composé et mis en pages
par Stephan Nave
à Montpellier.

Achevé d'imprimer
pour le compte des Éditions Dumerchez
le 20 décembre 2023
par Christophe Bonnet
sur les presses de l'imprimerie
La Gutenberg à Tulle.

Collection
Azmari

© Guillaume Villemot & Bernard Dumerchez, 2023.

ISBN 978-2-84791-214-2
Dépôt légal, janvier 2024
Imprimé en France

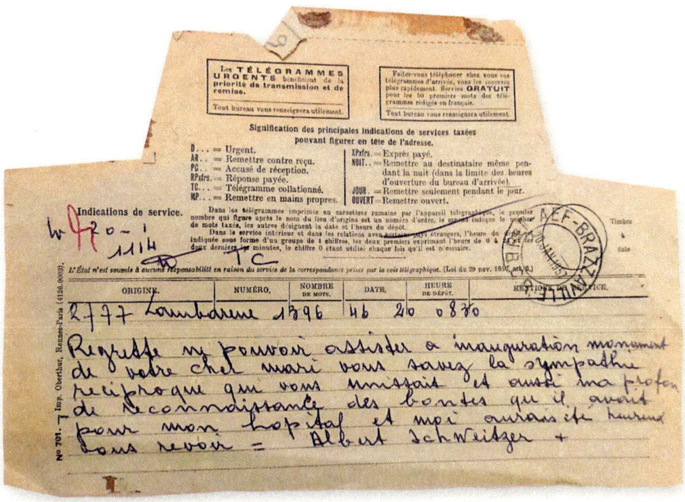

Les TÉLÉGRAMMES URGENTS bénéficient de la priorité de transmission et de remise.

Tout bureau vous renseignera utilement.

Faites-vous téléphoner chez vous vos télégrammes d'arrivée, vous les recevrez plus rapidement. Service GRATUIT pour les 50 premiers mots des télégrammes rédigés en français.

Tout bureau vous renseignera utilement.

Signification des principales indications de services taxées pouvant figurer en tête de l'adresse.

D... = Urgent.
AR.. = Remettre contre reçu.
PC.. = Accusé de réception.
RPxfrs. = Réponse payée.
TC... = Télégramme collationné.
MP... = Remettre en mains propres.
XPxfrs. = Exprès payé.
NUIT.. = Remettre au destinataire même pendant la nuit (dans la limite des heures d'ouverture du bureau d'arrivée).
JOUR. = Remettre seulement pendant le jour.
OUVERT = Remettre ouvert.

Indications de service.

Dans les télégrammes imprimés en caractères romains par l'appareil télégraphique, le premier nombre qui figure après le nom du lieu d'origine est un numéro d'ordre, le second indique le nombre de mots taxés, les autres désignent la date et l'heure du dépôt.

Dans le service intérieur et dans les relations avec certains pays étrangers, l'heure du dépôt est indiquée sous forme d'un groupe de 4 chiffres, les deux premiers exprimant l'heure de 0 à 24 et les deux derniers les minutes, le chiffre 0 étant utilisé chaque fois qu'il est nécessaire.

W 20-1
1114
TC

AEF-BRAZZAVILLE

Timbre à date

L'État n'est soumis à aucune responsabilité en raison du service de la correspondance privée par la voie télégraphique. (Loi du 29 nov. 1850, art. 6.)

ORIGINE.	NUMÉRO.	NOMBRE DE MOTS.	DATE.	HEURE DE DÉPÔT.	MENTIONS DE SERVICE.
2777 Lambarene	1396	46	20	0830	

Regrette ne pouvoir assister a inauguration monument de votre cher mari vous savez la sympathie reciproque qui nous unissait et aussi ma profon de reconnaissance des bontes qu il avait pour mon hopital et moi aurais été heureux vous revoir = Albert Schweitzer +

N° 701. — Imp. Oberthur, Rennes-Paris (4126.0003).

Éditions Dumerchez
A.D.N.
1, rue Georges Stephenson
60100 Creil – France